D. VINCENT,
Ex-Maréchal-des-Logis Chef d'Artillerie.

SOUVENIRS D'UN SOLDAT DE 1870

SIÈGE DE SOISSONS

REIMS
TYPOGRAPHIE ET LITHOGRAPHIE A. MARGUIN
6 et 8, Rue de la Grue, 6 et 8

1901

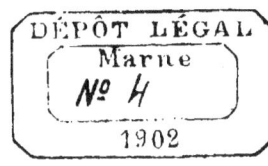

SOUVENIRS D'UN SOLDAT DE 1870

SIÈGE DE SOISSONS

D. VINCENT,

Ex-Maréchal-des-Logis Chef d'Artillerie.

SOUVENIRS D'UN SOLDAT DE 1870

SIÈGE DE SOISSONS

REIMS
TYPOGRAPHIE ET LITHOGRAPHIE A. MARGUIN
6 et 8, Rue de la Grue, 6 et 8

1901

Aux Soldats de 1870.

A ceux qui touchèrent de près les péripéties du drame qui se déroula dans ce coin de l'année terrible : SOISSONS, je dédie ces souvenirs.

J'adresse en même temps un pieux hommage à ceux qui ne sont plus ; à ceux qui tombèrent sur le champ d'honneur et qui arrosèrent de leur sang ces remparts aujourd'hui disparus.

A eux cette pensée du poète :

> Ceux qui pieusement sont morts pour la Patrie
> Ont droit qu'à leur cercueil la foule vienne et prie.

D. VINCENT.

SOUVENIRS D'UN SOLDAT DE 1870

SIÈGE DE SOISSONS

I

Sommaire : Préliminaires. — La situation politique. — L'Empire attaqué. — Le Plébiscite. — Incident Hohenzollern. — La déclaration de guerre. — Le départ pour la frontière. — La proclamation de l'Empereur Napoléon III. — La proclamation du Roi de Prusse. — Premières escarmouches. — Batailles de Sarrebrück, de Wissembourg, de Frœschwiller, de Forbach, de Borny, de Gravelotte, de Saint-Privat, de Metz. — Conseil de guerre à Courcelles, près Reims. — Marche sur Sedan, le désastre. — La chute de l'Empire.

Trente années ont déjà passé sur les événements qui marquèrent d'une page si triste l'histoire de notre pays.

1870, appelée l'année terrible.

L'année terrible ! par la légèreté avec laquelle la France s'est jetée, sans s'y être préparée, dans les aventures d'une guerre gigantesque.

L'année terrible ! par le sang versé, par les ruines amoncelées.

L'année terrible ! pour l'armée française qui essuya tant de sanglantes défaites.

L'année terrible ! pour l'Allemagne elle-même, payant ses victoires et ses succès par tant de milliers de ses soldats qui tombèrent sur les champs de bataille.

L'année terrible ! pour les conséquences, presque toute l'armée française: 12,000 officiers, 350,000 soldats prisonniers en Allemagne, faits sans précédent dans l'histoire du monde. La France envahie, le pavé de sa capitale foulé par la botte allemande, et comme conclusion, la Patrie mutilée par la perte de deux de ses plus belles provinces, l'Alsace et la Lorraine ; l'énorme indemnité de guerre de cinq milliards de francs exigée par le vainqueur, et les conditions du Traité de Francfort qui nous frappaient peut-être plus rudement encore...

Et pourtant, que de bravoure, que d'héroïsme, que d'abnégation, que de dévouement on trouve dans cette armée française en suivant les phases de cette guerre funeste.

Ah ! ils auront un compte bien difficile à rendre pour eux devant l'Histoire, ceux qui, presque de gaité de cœur, préparèrent tant de désastres ou ne surent pas les éviter.

Les péripéties de ce drame sanglant ont été déjà racontées bien des fois ; cependant il n'est pas inutile d'y revenir, d'en parler encore, d'en reparler toujours, afin d'en perpétuer le souvenir et de l'entretenir toujours vivace dans l'esprit des générations qui suivent — que nos enfants n'oublient pas cette époque si néfaste pour notre belle France, qu'ils se rappellent toujours qu'à eux revient le grand honneur de rendre à la Patrie mutilée, les membres qui lui ont été arrachés et le rang qu'elle a perdu.

Avant d'arriver au point le plus intime de ces souvenirs, le *Siège de Soissons*, il est nécessaire de passer en revue, même très sommairement, les événements qui précédèrent la déclaration de guerre, et ceux qui suivirent jusqu'à l'apparition des Allemands devant les murs de Soissons.

Depuis quelque temps des nuages sombres couvraient l'horizon politique, on sentait qu'une tempête se préparait, qu'un cataclysme allait s'abattre sur la France.

Le gouvernement de l'Empereur, attaqué vigoureusement par le parti républicain, faisait tous ses efforts pour conjurer l'orage.

Dès le 2 Janvier 1870, le ministère Rouher donna sa démission, et fit place au ministère Emile Olivier, composé en partie de membres de l'opposition. Ce dernier ministère, pas plus que son prédécesseur, ne parvint à annihiler les attaques dont Napoléon III était l'objet.

L'Empereur se décida alors à provoquer le plébiscite du 8 Mai qui lui donna 7,336,434 suffrages contre 1,560,509 non, sur près de 11 millions d'électeurs inscrits. C'était une belle majorité qui devait affirmer pour longtemps encore le régime impérial sur le trône de France ; mais cela ne suffisait pas, on voulait mieux, il fallait sanctionner le résultat du plébiscite par un acte d'une bien plus haute importance, une grande guerre par exemple.

C'est du côté de la Prusse que se portèrent les visées du Gouvernement impérial.

Quel prestige ! quelle force ! aurait donné à l'Empereur une guerre heureuse contre les Prussiens, et quel écrasement, quel anéantissement de ses ennemis de l'intérieur !

Et puis, la Prusse n'avait-elle pas eu depuis six ans des succès militaires et... diplomatiques dignes d'exciter l'envie ?

Oh ! elle avait commencé modestement : le Hanovre d'abord, le Danemark après, et enfin l'Autriche. Comme ses diplomates surent bien circonvenir les autres diplomates de l'Europe et notamment les diplomates français, qui s'aperçurent seulement qu'ils étaient battus eux aussi. Quand après Sadowa, la Prusse prit la place de l'Autriche dans la Confédération germanique, et engloba sous son autorité tous les petits états allemands qui avaient auparavant l'Autriche comme suzerain.

Ce n'était plus la Prusse, petit royaume de 15 à 16 millions d'habitants, c'était l'Allemagne, puissance en comptant 40 millions, qui pouvait disposer, si cela devenait nécessaire, d'une armée de près de deux millions d'hommes, et dont le chef, Guillaume Ier, qui comptera sûrement pour un des plus grands hommes du siècle et dans l'histoire d'Allemagne, convoitait encore plus : la possession complète du Rhin et la réunion de toutes les races germaniques.

Ses diplomates, dont le chef, Bismark, tendirent aux diplomates français et à l'Empereur un piège dans lequel ceux-ci ne demandaient, du reste, qu'à se laisser prendre.

Ce piège fut l'incident Hohenzollern.

Les avis du général Ducrot, qui commandait à Strasbourg en 1868-1870, les rapports du colonel Stoffel, notre attaché militaire à Berlin, qui avait publié dans le journal *La Presse*, vers la même époque, tous les détails sur l'organisation militaire de l'Allemagne et l'énumération des forces que cette puissance pouvait mettre en ligne, ne furent pas écoutés (il est vrai qu'il n'est de pires sourds que ceux qui ne veulent pas entendre). Le colonel Stoffel fut même mis en disgrâce pour avoir, pour ainsi dire, jeté le cri d'alarme.

Sur la proposition du maréchal Prim, dont l'autorité était très grande en Espagne, le prince de Hohenzollern, neveu du roi de Prusse, formula ses intentions d'accepter la couronne d'Espagne.

Ces intentions, publiées, provoquèrent les premiers incidents diplomatiques.

L'ambassadeur de France à Berlin, M. Benedetti, d'après les instructions du Ministre des Affaires étrangères, M. de Grammont, demanda au roi de Prusse la renonciation du prince de Hohenzollern au trône d'Espagne.

Le roi Guillaume répondit qu'il n'autorisait pas son neveu à accepter l'offre qui lui était faite par le maréchal Prim et qu'il l'invitait à ne pas donner suite aux propositions qui lui avaient été faites.

Le Gouvernement français ne se contenta pas de cette promesse verbale, il voulut exiger du roi de Prusse l'acte de renonciation et l'engagement écrit par la Maison de Hohenzollern, de ne prétendre à aucune époque au trône d'Espagne.

Le roi de Prusse refusa, en présence de cette exigence, de recevoir l'ambassadeur de France et les relations diplomatiques furent rompues.

C'était le conflit ! c'était la guerre !

La guerre désirée par les deux partis mais dans deux buts différents.

Pour le Roi de Prusse : l'accomplissement de son rêve, la réunion de toutes les races germaniques, et pour lui le titre d'empereur d'Allemagne

Pour l'Empereur des Français : son affermissement sur le trône, et l'assurance de ce trône pendant de longues années pour sa dynastie.

Mais à cette guerre, la Prusse s'y préparait depuis longtemps et attendait, patiemment, et en y travaillant, la revanche d'Iéna.

La France, elle, ne s'y était nullement préparée, elle devait subir à brève échéance, les conséquences de son imprévoyance.

Le 15 Juillet, l'Empereur Napoléon III communiqua au Corps législatif le résumé des incidents diplomatiques qui précèdent, et en présence de l'affront subi par le pays en la personne de son ambassadeur, la déclaration de guerre fut votée à la presque unanimité, dix députés seulement ayant voté contre.

Le 19 Juillet, M. Benedetti notifiait officiellement à la Prusse la décision de la France.

Habitués depuis longtemps à la victoire, les Français accueillirent avec enthousiasme cette déclaration de guerre ; seuls les perspicaces l'envisagèrent avec effroi, ils avaient raison ; la fortune avait abandonné la France, qu'elle avait depuis si longtemps traitée en enfant gâtée.

Mais la grande majorité des Français, aveugles, avaient confiance dans l'issue de la guerre ; l'on voyait déjà nos armées victorieuses, repoussant les armées allemandes au cœur de la Prusse et entrer à Berlin trois semaines après. M. Emile Ollivier n'avait-il pas dit devant la Chambre des Députés : « Dès ce jour, commence pour les ministres, mes collègues, et pour moi, une grande responsabilité, nous l'acceptons le cœur léger. »

Et le maréchal Lebœuf, major général, alors ministre de la Guerre, n'avait-il pas déclaré devant le Corps législatif, ce même jour, 15 Juillet, quand M. de Kératry demandait si nous étions prêts : qu'il ne nous manquait... « pas même un bouton de guêtre »...

Hélas ! s'il ne manquait pas un bouton de guêtre, il manquait beaucoup d'autres choses et pas des moindres !

Le maréchal dut regretter bien amèrement plus tard, cette affirmation lancée à la face du pays, quand il vit nos armées battues, lui-même prisonnier, la France envahie et presqu'à la merci des Allemands victorieux.

Qu'avions-nous, en effet, à opposer à la formidable armée dont disposait la Prusse ? A peine 310,000 hommes qui furent éparpillés à la frontière en sept corps d'armée disposés de telle sorte qu'ils ne pouvaient, pour ainsi dire, se secourir mutuellement en cas de l'attaque de l'un d'eux par l'armée ennemie. Cela ne rappelle-t-il pas cette fameuse bataille navale d'Aboukir où notre flotte fut battue par la flotte anglaise, et par la faute de l'amiral Brueys qui prit des dispositions de combat si mauvaises, qu'elles permirent à l'amiral anglais Nelson de couler l'un après l'autre tous les navires français ?

L'on a bien chanté depuis, l'héroïsme des marins français, notre flotte n'en fut pas moins anéantie !

L'armée de la Confédération du Nord se composait, elle, de treize corps d'armée organisés d'une manière permanente avec tous leurs accessoires : cavalerie, artillerie, génie, train-des-équipages, équipages de pont, etc., plus la division hessoise.

Chacun de ces corps comptant une moyenne de 36,500 hommes, ce qui fait pour les treize corps et demi, 495,000 hommes et 1,250 pièces de canon, en y ajoutant 230,000 hommes de landwehr et 130,000 hommes de troupes de remplacement, nous arrivons au chiffre de 855,000 hommes.

A ce chiffre, il y a lieu d'ajouter, par suite de l'action coopérative de l'Allemagne du Sud :

Pour la Bavière, deux corps d'armée, 70,000 hommes et 192 canons.

Pour le Wurtemberg, une division, 23,600 hommes, 54 canons.

Pour le grand-duché de Bade, une division, 23,600 hommes et 42 canons, sans compter toutes les réserves et les landwehrs, ce qui donne un total général pour toutes les troupes de l'Allemagne du Nord et de l'Allemagne du Sud, de 970.000 hommes (près d'un million) et de 1,538 pièces de canon.

C'est à cette armée colossale que nous avions à opposer nos sept corps d'armée et la garde impériale, soit un maximum de 310,000 hommes auquel il convient d'ajouter, il est vrai, une centaine de mille d'hommes fournis par les dépôts et les rappels d'hommes en congé, et enfin la garde mobile, plutôt encombrante qu'utile au début.

Le 23 Juillet, l'Empereur Napoléon adressa cette proclamation au peuple français :

» Français,

« Il y a dans la vie des peuples des moments
» solennels où l'honneur national, violemment

» excité, s'impose comme une force irrésistible,
» domine tous les intérêts et prend seul en mains
» la direction des destinées de la Patrie. Une de
» ces heures décisives vient de sonner pour la
» France.

» La Prusse à qui nous avons témoigné, pen-
» dant et depuis la guerre de 1866, les disposi-
» tions les plus conciliantes, n'a tenu aucun
» compte de notre bon vouloir et de notre longa-
» nimité.

» Lancée dans une voie d'envahissement, elle
» a éveillé toutes les défiances, nécessité partout
» des armements exagérés, et fait de l'Europe un
» camp où règnent l'incertitude et la crainte du
» lendemain.

» Un dernier incident est venu révéler l'insta-
» bilité des rapports internationaux et montrer
» toute la gravité de la situation. En présence des
» nouvelles prétentions de la Prusse, nos réclama-
» tions se sont fait entendre, elles ont été éludées
» et suivies de procédés dédaigneux. Notre pays
» en a ressenti une profonde irritation et aussitôt
» un cri de guerre a retenti d'un bout à l'autre
» de la France. Il ne nous reste plus qu'à confier
» nos destinées au sort des armes.

» Nous ne faisons pas la guerre à l'Allemagne
» dont nous respectons l'indépendance. Nous
» faisons des vœux pour que les peuples qui com-
» posent la grande nationalité germanique
» disposent librement de leurs destinées.

» Quant à nous, nous réclamons l'établisse-
» ment d'un état de choses qui garantisse notre
» sécurité et assure l'avenir. Nous voulons
» conquérir une paix durable, basée sur les vrais
» intérêts des peuples et faire cesser cet état
» précaire où toutes les nations emploient leurs
» ressources à s'armer les unes contre les autres.
» Le glorieux drapeau que nous déployons encore
» une fois devant ceux qui nous provoquent, est le
» même qui porta à travers l'Europe les idées
» civilisatrices de notre grande Révolution.

» Il représente les mêmes principes, il inspirera
» les mêmes dévouements.

» FRANÇAIS,

» Je vais me mettre à la tête de cette vaillante
» armée qu'anime l'amour de la Patrie, elle sait
» ce qu'elle vaut, car elle a vu dans les quatre
» parties du monde la victoire s'attacher à ses pas.

» J'emmène mon fils avec moi, malgré son
» jeune âge, il sait quels sont les devoirs que son
» nom lui impose, et il est fier de prendre sa
» part des dangers de ceux qui combattent pour
» la Patrie. Dieu bénisse nos efforts. Un grand
» peuple qui défend une cause juste est invincible !

» NAPOLÉON. »

A l'armée française, Napoléon III parla ainsi lorsqu'il arriva à Metz :

« Soldats,

» Je viens me mettre à votre tête pour défendre
» l'honneur et le sol de la Patrie. Vous allez
» combattre une des meilleures armées de l'Eu-
» rope, mais d'autres, qui valaient autant qu'elle,
» n'ont pu résister à votre bravoure. Il en sera de
» même aujourd'hui.

» La guerre qui commence sera longue et
» pénible, car elle aura pour théâtre des lieux
» hérissés d'obstacles et de forteresses ; mais
» rien n'est au-dessus des efforts persévérants des
» soldats d'Afrique, de Crimée, de Chine, d'Italie
» et du Mexique. Vous prouverez une fois de plus
» ce que peut une armée française, animée du
« sentiment du devoir, maintenue par la discipline,
» enflammée par l'amour de la Patrie.

» Quel que soit le chemin que nous prenions
» hors de nos frontières, nous y trouverons les
» traces glorieuses de nos pères.

» Nous nous montrerons dignes d'eux.

» La France entière vous suit de ses vœux
» ardents, et l'univers a les yeux fixés sur vous.
» De nos succès dépend le sort de la civilisation.

» Soldats, que chacun fasse son devoir, et le
» Dieu des armées sera avec nous.

» Napoléon.

» *Au Quartier général de Metz, le 28 Juillet 1870.* »

De son côté, le roi Guillaume adressait à son peuple la proclamation suivante :

« En me rendant aujourd'hui à l'armée afin de
» combattre pour l'honneur de l'Allemagne et la
» conservation de nos plus grands biens, je veux,
» devant l'élan unanime de mon peuple, accorder
» une amnistie complète pour les délits politiques.

» Le Ministre d'Etat me présentera un décret
» à ce sujet.

» Mon peuple sait comme moi que ni rupture
» de paix, ni aucune haine ne sont venues de ma
» part, mais provoqué, nous sommes décidé,
» comme nos pères, et en mettant notre ferme
» confiance en Dieu, à accepter la lutte pour le
» salut de la Patrie. »

Le 2 Août, Guillaume arriva à Mayence, où était son quartier général. Il lança cette proclamation à son armée :

« Soldats,

» Toute l'Allemagne, animée par le même sen-
» timent, se trouve sous les armes contre un état
» voisin qui nous a déclaré la guerre. Il s'agit de
» défendre notre Patrie et nos foyers menacés.

» Je prends le commandement des armées
» réunies, et je vais marcher contre un adversaire
» qu'un jour nos pères ont combattu glorieuse-
» ment dans la même situation.

» L'attention pleine de confiance de toute notre
» Patrie, la mienne, est fixée sur vous.

» Guillaume. »

C'est avec un sentiment de profonde tristesse que l'on relit aujourd'hui ces quatre proclamations.

A Paris et dans toute la France, la nouvelle de la déclaration de guerre fut accueillie avec enthousiasme. Souhaitait-on aussi vivement la guerre que ceux qui l'ont déclarée ? C'est un point à éclaircir — ne se pourrait-il que, voyant le gant une fois jeté, le peuple français se soit abandonné sans réflexion à cette humeur belliqueuse qui est le fond de son caractère ?

C'est au cri de : « A Berlin ! A Berlin ! » que la population, à Paris et dans toutes les villes de garnison, accompagnait les régiments partant pour la frontière. C'était plus que de l'enthousiasme, c'était du délire.

Le 28 Juillet, l'Empereur, accompagné du prince impérial et d'une suite nombreuse, quitta Saint-Cloud pour se rendre à l'armée.

Toute cette suite de l'Empereur, avec les équipages et les accessoires qui en sont la conséquence, furent un bien grand encombrement pour les troupes qui eurent à manœuvrer à proximité.

Du reste, suivant l'exemple du souverain, beaucoup de généraux et d'officiers supérieurs se firent accompagner d'un véritable train de luxe, comme s'il se fut agi d'une partie de plaisir.

Combien de fois tous ces équipages, tout cet encombrement inutile, gênèrent les mouvements de nos troupes qui avaient besoin, au contraire, d'une très grande mobilité.

Le plan de campagne élaboré par l'Empereur et le maréchal Le Bœuf, mais qui semble plutôt être l'œuvre de ce dernier, disposa nos sept corps d'armée comme suit :

Le 1ᵉʳ corps (maréchal de Mac-Mahon), en avant de Strasbourg, devant agir de concert avec le 7ᵉ (général Douay), qui occupe Belfort, et le 5ᵉ (général de Failly), à Bitche.

Le 2ᵉ corps (général Frossard), en avant de Saint-Avold.

Le 3ᵉ (maréchal Bazaine) à Boulay, entre Sarrebrück et Thionville.

Le 4ᵉ (général Ladmirault), à Thionville.

Le 6ᵉ corps (maréchal Canrobert) forme à Châlons, Soissons et Paris, la réserve générale de l'armée.

Enfin, la garde impériale est à Metz comme réserve particlle des 2ᵉ, 3ᵉ et 4ᵉ corps. Elle est commandée par le général Bourbaki.

Comme il a été dit plus haut, il était difficile, avec cette disposition, de former, si les circonstances l'exigeaient, une armée suffisamment forte pour résister au choc d'une armée ennemie nombreuse.

Les Allemands surent promptement tirer parti de l'éparpillement de nos forces pour frapper les premiers coups.

Dès le 28 Juillet, les avant-gardes des deux armées se rencontrèrent, il y eut un engagement entre les uhlans prussiens et un petit détachement d'infanterie, en avant de Sarreguemines, et une rencontre de la cavalerie bavaroise avec une brigade de la cavalerie du 5ᵉ corps.

Le 2 Août, se livra la bataille de Sarrebrück, bataille à laquelle on donna en France plus d'importance qu'elle en méritait, à la suite de laquelle l'Empereur adressait à l'Impératrice la dépêche suivante, qui fut publiée par toute la France et qui excita tant d'enthousiasme chez les uns, tant de pitié chez les autres :

« Louis vient de recevoir le baptême du feu ; il
» a été admirable de sang-froid et n'a été
» nullement impressionné.

» Une division du général Frossard a pris les
» hauteurs qui dominent la rive gauche de Sarre-
» brück.

» Les Prussiens ont fait une courte résistance.

» Nous étions en première ligne, mais les
» balles et les boulets tombaient à nos pieds.

» Louis a conservé une balle qui est tombée
» tout auprès de lui.

» Il y a des soldats qui pleuraient en le voyant
» si calme.

» Nous n'avons eu qu'un officier et dix hommes
» tués. »

La joie fut grande en France à la nouvelle de cette première victoire, mais elle fut de bien courte durée.

Deux jours après, le 4 Août, la division Abel Douay, forte de 8,000 hommes, était écrasée à Wissembourg par une armée de 80,000 Allemands.

Le 6 Août, à Frœschviller, c'est le 1ᵉʳ corps (maréchal de Mac-Mahon) qui, fort seulement de 33,000 hommes, lutta toute la journée contre une armée de 140,000 hommes avec 500 bouches à feu, et finit par céder le terrain après avoir fait des prodiges de valeur et subi des pertes énormes.

Le maréchal de Mac-Mahon adressait le soir même au Ministre de la Guerre cette dépêche bien différente de celle de l'Empereur à Sarrebrück :

« J'ai livré bataille aujourd'hui toute la journée,
» j'ai été battu. »

Que de rage, que de douleur concentrées dans le laconisme de cette dépêche de l'héroïque maréchal, qui fut une des premières victimes de la défectuosité du plan de campagne ! Il avait pourtant tout mis en œuvre dans cette malheureuse journée, où, pour employer le mot de François Iᵉʳ après Pavie : « Tout fut perdu, fors l'honneur. » Dans cette journée où, malgré la défaite, il y eut plus de gloire pour le 1ᵉʳ corps français que pour les Allemands, quatre fois supérieurs en nombre. La ténacité de notre infanterie, l'opiniâtreté de notre artillerie, la charge devenue légendaire de nos cuirassiers, orneront longtemps encore les pages glorieuses et les plus belles de notre histoire militaire.

Ce même jour, 6 Août, le 2ᵉ corps (général Frossard) était attaqué par une autre armée allemande en avant de Forbach. Cette bataille, qui prit aussi le nom de bataille de Spickeren, fut également funeste pour nos armes.

Des prodiges de valeur et d'héroïsme furent, comme à Frœschwiller, dépensés par le 2ᵉ corps ; mais, là aussi, il fallut céder devant le nombre, et les Français durent battre en retraite après avoir fait des pertes énormes, il est vrai que celles de l'ennemi furent plus énormes encore ; car si, dans ces deux batailles nous eûmes environ 16,000 hommes tués ou blessés, les Allemands accusèrent des pertes s'élevant pour eux à 23,000 hommes ; mais ils nous prirent une grande quantité de matériel : canons, parcs, campement, etc.

Cette bataille de Spickeren n'eut pas autant de retentissement que la bataille de Frœschwiller, pourtant les trois divisions du 2ᵉ corps qui furent engagées, formant un effectif d'environ 28,000 hommes, luttèrent toute une journée contre une armée de 60,000 ennemis.

La retraite se fit en bon ordre et ne fut pas une déroute comme celle du 1ᵉʳ corps.

Le 2ᵉ corps put opérer sa retraite sans être inquiété et se retira à Metz, où il fut rejoint par le 3ᵉ et le 4ᵉ corps qui avaient reçu l'ordre de se replier.

La garde impériale, qui s'était avancée jusqu'à Saint-Avold, se replia également sous Metz, où arrivait en même temps le 6ᵉ corps, mais sans son artillerie qui ne put le suivre et resta au Camp de Châlons.

Le maréchal de Mac-Mahon dirigea les débris de son corps d'armée sur le Camp de Châlons, où vinrent le rejoindre les 5ᵉ et 7ᵉ corps, ainsi que le 12ᵉ (général Lebrun), formé d'une division de régiment de marche, d'une division d'infanterie de marine et d'une division de mobiles, mais, à la suite d'une mutinerie, on dut faire rentrer à Paris la division de mobiles.

En raison de ces événements, la modification du plan de campagne primitif fut jugée nécessaire et une réunion des chefs de corps, à Metz, décida de former deux armées, ayant chacune un commandant en chef.

L'Empereur abandonna le commandement suprême, et le maréchal Lebœuf ses fonctions de major général de l'armée.

Le maréchal de Mac-Mahon eut le commandement de l'armée réunie à Châlons ; le maréchal Bazaine, le commandement de l'armée de Metz.

La nouvelle des deux défaites des 1ᵉʳ et 2ᵉ corps français fut accueillie avec une sorte de stupéfaction ; on était, en France, tellement habitué à la victoire, qu'on eut peine à y croire, pourtant le désarroi fut grand à la Cour et au Ministère.

Le Cabinet Ollivier, dont les fautes politiques avaient préparé nos désastres, démissionnait le 9 Août. Le général Cousin-Montauban, comte de Palikao, qui avait commandé en chef l'expédition de Chine, fut chargé par l'Impératrice de constituer un nouveau ministère. Ce ministère était ainsi composé :

Guerre, Général comte de Palikao ;
Intérieur, M. Henri Cherveau ;
Finances, M. Magne ;
Justice, M. Grandperret ;
Commerce, M. Clément Duvernois ;
Marine, Amiral Rigaut de Genouilly ;
Travaux publics, M. Jérôme David ;
Instruction publique, M. Brame ;
Affaires étrangères, M. le Prince de la Tour d'Auvergne.
Président du Conseil d'Etat, M. Busson-Billot.

Le 10 Août, le Corps législatif votait la loi appelant sous les drapeaux tous les citoyens non mariés ou veufs sans enfants de 25 à 35 ans.

Ce même jour, 10 Août, les Prussiens assiégeaient Strasbourg, qui se rendait après un siège de plus d'un mois.

Le 14 Août, les Allemands attaquaient, à Borny, l'arrière-garde de l'armée française laquelle venait de commencer son mouvement de retraite sur Verdun afin de rejoindre l'armée de Mac-Mahon.

La moitié de l'armée française dut arrêter son mouvement pour faire face à l'ennemi, qui fut repoussé avec de grandes pertes.

Cette victoire des Français ne fut malheureusement pas décisive ; elle arrêta néanmoins l'armée allemande de Steinmetz, mais pendant ce temps, le gros de l'armée ennemie s'avançait pour passer la Moselle à Pont-à-Mousson et couper la retraite de l'armée française.

Le 15 Août, la retraite continua, l'Empereur partait pour Verdun accompagné du prince impérial, de son état-major et escorté par deux régiments de cavalerie.

Le 16, l'avant garde de l'armée allemande, qui avait profité de la bataille de Borny pour effectuer son mouvement tournant par Pont-à-Mousson, où elle avait passé la Moselle, attaqua l'armée française à Gravelotte et Rezonville. La bataille dura toute la journée entre deux ennemis dont les forces numériques étaient à peu près égales; de part et d'autre, il y eut des alternatives de succès et de revers, finalement les Français restaient sur leurs positions après avoir infligé aux Allemands des pertes énormes, mais, une fois de plus, la tactique des Allemands triomphait.

La marche fut arrêtée ; la journée du 17 fut employée au ravitaillement et à la réorganisation des régiments qui avaient combattu la veille.

Pendant cette journée, le corps principal de l'armée allemande, qui ne s'était pas battu le 16, continuait son mouvement, enveloppait l'armée française et l'attaquait le 18 au matin sur tous ses fronts à la fois.

Cette bataille du 18 Août fut terrible, des prodiges de valeur furent accomplis de part et d'autre, des régiments entiers luttèrent presque jusqu'au dernier homme, la garde royale prussienne fut décimée à l'attaque de Saint-Privat, défendu par le 6ᵉ corps français ; 8,000 hommes de la garde de

Guillaume restèrent sur le champ de bataille, sur ce point seulement.

Les pertes pendant ces deux journées, 16 et 18 Août, furent d'environ 30,000 hommes pour les Français et 40,000 hommes pour les Allemands.

Mais si l'armée française ne fut, à vrai dire, pas battue, puisque, à l'exception de sa droite, elle resta sur ses positions, elle n'en fut pas moins obligée de se retirer sous Metz le lendemain.

Le but de l'état-major allemand était atteint.

Il avait arrêté l'armée française dans son mouvement de retraite, l'avait rejetée à Metz, et réduite à l'impossibilité de se joindre à l'armée de Mac-Mahon.

Désormais, la magnifique armée dont le maréchal Bazaine avait le commandement et qui comptait, le 14 Août, 160,000 hommes animés des meilleures dispositions, cette magnifique armée qui ne demandait qu'à marcher, allait être enfermée dans un cercle de feu et condamnée à l'inaction pendant plus de deux mois, s'affaiblissant, s'épuisant elle-même par le fait de cette inaction, et enfin obligée de se rendre et d'être emmenée prisonnière en Allemagne.

Ce fait, sans précédent dans l'histoire du monde, d'une armée qui, forte encore de 140.000 hommes, faite prisonnière, est une honte pour notre pays et une tache qui s'effacera difficilement. Les conséquences eurent, du reste, une très grande influence sur les suites de la guerre.

L'armée du maréchal de Mac-Mahon, reformée au camp de Châlons, marcha sur Reims où elle passa le 22 Août.

Le maréchal voulait continuer la retraite sur Paris ; mais M. Rouher, président du Sénat, vint trouver l'Empereur et lui exposa qu'il fallait quand même marcher au secours de Bazaine, que de ce mouvement dépendait le salut de l'Empire.

Un conseil de guerre, réuni à Courcelles, près Reims, décida de prendre la direction de Sedan afin de pouvoir arriver à Metz par Montmédy.

Le maréchal de Mac-Mahon subit la décision de ce conseil de guerre, et les ordres furent donnés pour la marche sur Sedan.

Un temps précieux fut perdu, la plus grande confusion régnait, les contr'ordres succédaient aux ordres, l'armée française, forte de 140,000 hommes arriva seulement le 30 Août aux environs de Sedan.

Ce même jour, le général de Failly, commandant le 5ᵉ corps, se laissait surprendre à Beaumont par les têtes de colonne de l'armée allemande, la déroute du malheureux 5ᵉ corps s'ensuivit ; il perdit 1,500 tués ou blessés, 3,000 prisonniers, 23 canons, tout son campement et ses bagages.

Ce n'était que le prélude de la grande bataille du lendemain, qui fut un désastre complet pour notre armée. Cette bataille de Sedan, où des prodiges de valeur furent accomplis, où une armée, privée d'un de ses corps, lequel avait été mis la veille en déroute et ne comptait plus, par conséquent, que 120,000 hommes environ, lutta toute la journée contre les 240,000 Allemands réunis des armées du prince royal de Prusse, qui poursuivait Mac-Mahon depuis Frœschviller, et d'une partie de celle de Metz, commandée par le roi de Prusse lui-même, lesquelles à marches forcées, s'étaient jointes pour écraser les Français.

Là encore, il fallut céder sous le nombre, malgré les charges héroïques et désespérées de la cavalerie, malgré la défense, devenue légendaire, de Bazeilles par l'infanterie de marine, malgré les pertes énormes que nos troupes infligèrent à l'ennemi. La bataille fut perdue et, le 1er Septembre, Napoléon III capitula et se rendit aux Prussiens avec presque toute son armée (80,000 hommes), une partie ayant pu traverser les lignes ennemies et se jeter en Belgique.

La fatale nouvelle ne parvint à Paris que le 3 Septembre ; elle ne fut connue de la population que le 4.

L'Impératrice quitta furtivement la capitale.

Le Corps législatif se réunit en session extraordinaire ; mais la salle de séances ayant été envahie par les gardes nationaux et par la foule, aucune délibération ne fut possible.

Les députés de Paris, Gambetta et Jules Favre en tête, se rendirent à l'Hôtel de Ville, prononcèrent la déchéance de l'Empereur et de la dynastie impériale, et instituèrent un gouvernement provisoire, dit Gouvernement de la Défense nationale, composé comme suit :

Président du Conseil, Général Trochu ;

Affaires étrangères, Jules Favre ;

Intérieur, Gambetta ;

Guerre, Général Le Flô ;

Marine, Vice-Amiral Fourichon ;

Justice, Crémieux.

Instruction publique, Jules Simon ;

Finances, Ernest Picart ;

Commerce, Magnin ;

Travaux publics, Dorian.

L'Empereur Napoléon III payait de son trône les fautes de son gouvernement.

L'Empire avait vécu.

II

Sommaire : Soissons. — Premiers travaux d'armement. — Le départ du 15ᵉ de ligne. — Passage d'une division du 6ᵉ corps. — Arrivée du dépôt du 15ᵉ de ligne. — Arrivée des mobiles. — Arrivée de la 1ʳᵉ batterie *bis* du 8ᵉ d'artillerie. — Arrivée des mobiles du Nord. — Une victoire factice. — Mauvaises nouvelles. — Le désastre de Sedan. — La retraite de la division d'Exéa. — La République. — Démission de M. de Barral, sous-préfet de Soissons. — Démission de M. de Violaine, maire de Soissons. — Arrivée du nouveau sous-préfet, M. d'Artigues. — Proclamations. - La citadelle de Laon. — Destruction des ponts de chemins de fer et de l'Aisne. — Activité du commandant de l'artillerie. — Premiers Prussiens. — Un parlementaire. — Passage du 12ᵉ corps allemand. - Deuxième parlementaire. — Trois coups de canon allemands. — Cavaliers prussiens dans le faubourg de Reims. — Premiers coups de fusil. — Premier coup de canon. — Venizel. — Le cantinier prussien. — Beugneux. — Arrivée des Prussiens à Venizel. — Attaque à la butte de Villeneuve. — Le commandant Denis blessé. — M. Ringuier blessé à l'épaule. — Retraite de nos troupes. — Les premières lignes d'investissement. — Occupation de la gare par les Allemands. — Premières tranchées. — Sorties infructueuses. — Incendie du faubourg Saint-Crépin. — Sortie sur Crouy. — Entrée d'un convoi de bœufs. — Le convoi de poudre. — Le pont de Vailly. — Les fusillades prussiennes de Pasly et de Vauxbuin. — Les instituteurs patriotes. — Les prisonniers prussiens. — Terrassements sur les monts de Sainte-Geneviève et de Presles.

La notification du désastre de Sedan ne parvint à la Place de Soissons que dans la nuit du 3 au 4 Septembre ; le bruit se répandit vite en ville et y jeta la plus grande consternation.

Le même jour, 4 Septembre, la division d'Exéa, chargée de couvrir Reims, battait en retraite et arrivait à Soissons dans la soirée, d'où elle repartait le lendemain pour Paris ; les mobiles de la Marne (bataillon de Reims), qui l'avaient suivie, furent dirigés sur le Nord.

La place forte de Soissons, située à 100 kilomètres au Nord-Est de Paris, sur la rive gauche de l'Aisne au confluent des deux vallées de l'Aisne et de la Crise, avec un faubourg, le faubourg Saint-Vaast, sur la rive droite, lequel est relié à la ville par un pont en pierre de 60 à 70 mètres de longueur, était une place de troisième rang.

L'importance stratégique de cette place, tout en étant très grande, avait cependant beaucoup diminué depuis la construction de l'admirable réseau de routes départementales et de chemins vicinaux dont était doté le département de l'Aisne et notamment l'arrondissement de Soissons.

Les Allemands purent donc marcher sur Paris en tournant la place sans éprouver le moindre retard.

Soissons commande six routes nationales et le chemin de fer de Paris à Reims, ainsi que celui de Paris à Laon par Villers-Cotterêts ; sa position stratégique était considérée comme importante, mais les montagnes qui dominent la ville, à une distance de 1,700 à 2,500 mètres, étant dépourvues d'ouvrages fortifiés, font de celle-ci un véritable fond de cuvette, un vrai nid à obus, et, suivant une expression un peu imagée, « l'on pourrait voir, des hauteurs qui dominent Soissons, un rat courir dans les rues. »

Les fortifications de Soissons se composaient d'une enceinte continue revêtue de onze bastions.

Cette enceinte était casematée en différents endroits, mais pas assez pour abriter la garnison ; elle s'appuyait sur l'Aisne au Nord et au Sud et elle formait un quadrilatère d'environ 1,200 mètres sur 800 ; le faubourg Saint-Vaast n'était pas compris dans ce quadrilatère, mais formait aussi une enceinte s'appuyant également sur l'Aisne, à l'Est, et revêtue de trois bastions.

Un barrage militaire, construit sur la rivière, près et en amont du pont en pierres, et une dérivation de la Crise, permettaient de submerger la plus grande partie des fossés et d'inonder le fond des deux vallées.

Une portion seulement des fossés, celle du Sud-Ouest, en raison de sa position plus élevée, ne pouvait être inondée ; à l'exception de ce point, la place de Soissons ne pouvait être prise de vive force, mais elle était incapable de résister longtemps à un siège en règle ; et pourtant, la veille de la guerre, on considérait la place de Soissons comme la clef de Paris, cependant rien, ou à peu près rien, n'avait été fait pour mettre cette place dans l'état que comportait l'importance stratégique qu'on lui attribuait.

Au moment de la déclaration de la guerre, la garnison de Soissons se composait de trois bataillons y compris l'état-major, du 15ᵉ de ligne, dont le jeune et brillant colonel, M. de Kerléadec, fut tué à la bataille de Saint-Privat (18 Août) ainsi que le lieutenant-colonel et presque tous les officiers supérieurs. Le 15ᵉ de ligne fut, du reste, décimé à cette malheureuse bataille et perdit les deux tiers de son effectif.

Le lieutenant-colonel de Noue, ancien officier de cavalerie, commandait la place.

Le chef d'escadrons d'artillerie Roques-Salvaza commandait l'artillerie de la place.

Le chef de bataillon du génie Mosbach était directeur du génie.

Le capitaine Joullié commandait la gendarmerie de la ville et de l'arrondissement.

Le 16 Juillet, lendemain de la déclaration de guerre, la Place reçut l'ordre de se mettre en état de défense. Elle n'avait ni un artilleur de troupe, ni un attelage d'artillerie.

Cependant une partie des terrassements des plates-formes avait déjà été construite par des hommes empruntés au 15ᵉ de ligne, sous la direction du commandant Roques-Salvaza et du garde d'artillerie Gosset, à qui l'on avait adjoint le maréchal-des-logis Mathis, du 8ᵉ régiment d'artillerie, en garnison à La Fère. Ce maréchal-des-logis ayant été rappelé à son corps, le commandant dut chercher à Soissons ou dans les environs, un ancien sous-officier d'artillerie à qui on pourrait confier de la continuation des travaux. M. Forzy, de Berzy-le-Sec, ancien maréchal-des-logis au 5ᵉ d'artillerie, voulut bien se charger de cette mission : il acheva en partie la construction des plates-fortes et commença la mise en position des pièces de l'armement de sûreté.

Mais, dès le 20 Juillet, le 15ᵉ de ligne quittait la place, partant pour l'armée du Rhin.

Deux jours après, arrivaient à Soissons les premiers régiments d'une division du 6ᵉ corps d'armée (général Lafond de Villiers) ; les corvées furent prises dans ces régiments pour la continuation des travaux d'armement, on réquisitionna des attelages chez M. Dumont, entrepreneur de roulage et adjoint au maire de la ville de Soissons, qui apporta dans cette circonstance un empressement des plus louables.

Les deux brigades de cette division Lafond de Villiers, commandées par les généraux Becquet de Sonnay et Colin, furent logées dans les casernes, réparties chez l'habitant, campées sur le Mail, cantonnées dans les communes environnantes et échelonnées depuis Cuffies jusqu'à Vailly, en attendant le complément indispensable de munitions, de campement et d'équipement.

Le désarroi était si grand au Ministère de la Guerre et dans les bureaux de l'Intendance que ces troupes ne quittèrent Soissons que le 2 Août, avant d'avoir reçu tout le matériel qui leur était destiné, lequel n'arriva à Soissons que six jours après leur départ.

Cette circonstance permit au commandant Roques-Salvaza d'activer les travaux de défense, de construire de nouveaux abris, traverses en terre, cavaliers, etc ; les arbres des glacis furent abattus, des percées de tir furent faites ; la confection des munitions, gargousses, chargement d'obus, fut commencée à l'aide d'hommes fournis par ces régiments.

La place se trouva absolument sans garnison du 2 au 11 Août, jour où le 2e bataillon des mobiles de l'Aisne, composé des jeunes gens de l'arrondissement et commandé par M. Félix Carpentier, se réunissait à Soissons en exécution du décret du 17 Juillet, qui appelait les gardes mobiles sous les drapeaux.

Le lendemain, le 1er bataillon (arrondissement de Château-Thierry), commandant Gaspard de Puysségur, s'organisait aussi dans la place, et le 17, arrivait le 6e bataillon (arrondissement de Vervins), commandant de Fitz-James. Ce même jour, les 1er et 2e bataillons se disposaient à partir sur un ordre reçu du ministère, mais un contre-ordre les fit rester ; le bataillon de Château-Thierry seul quitta la place dix jours plus tard pour se rendre à Villers-Cotterêts, et de là à Paris.

Les Soissonnais eurent sous les yeux le spectacle vraiment navrant d'une troupe improvisée à qui tout manquait : armement, habillement, équipement, instruction, discipline. Certainement, la bonne volonté ne faisait pas défaut, tous étaient disposés à faire leur devoir, malheureusement du premier au dernier, tout était à commencer.

Les officiers, sous-officiers et caporaux nommés à la hâte et sans choix préalable, ne connaissaient, à part quelques exceptions, pas la première notion du métier de soldat.

Le dépôt du 15ᵉ de ligne (commandant Denis), arriva de Laon à Soissons. Ce bataillon, formé de deux compagnies fortes chacune de 800 hommes, soit un effectif de 1,600 hommes, n'avait pas dix officiers pour les commander : il en aurait fallu cinquante ; plus tard, on dut former deux autres compagnies provisoires dans lesquelles on incorpora des échappés de Sedan.

Le 20 Août, arriva la 1ʳᵉ batterie *bis* du 8ᵉ régiment d'artillerie (capitaine de Monery).

Les troupes d'infanterie, composées en grande partie d'engagés volontaires (de tout jeunes gens), étaient des plus médiocres et donnaient à la population le triste spectacle d'une profonde indiscipline.

« Hâtez l'instruction des hommes », écrivait M. Ferrand, préfet de l'Aisne ; mais, avant, il fallait commencer l'instruction des cadres. La légende des armées improvisées était passée, et bien crédules étaient ceux qui y croyaient encore, bien aveugles ceux qui ne voyaient pas qu'il fallait des mois, des années même, pour former une armée solide et capable de donner tout ce qu'on peut attendre d'elle, et surtout, pour lutter avec chances de succès contre les armées allemandes, organisées de longue date.

A Soissons, les mobiles furent à peine exercés quatre ou cinq fois au tir à la cible avec de mauvais fusils à tabatière (ancien fusil à piston transformé). On les employa le plus possible aux travaux de défense, qui consistaient principalement dans l'abattage des arbres des glacis, le blindage de la poudrière, le placement de palissades au talus extérieur des fossés, le ravivement des chemins couverts et des terrassements, etc. La plupart d'entr'eux, croyant recevoir un uniforme, étaient arrivés légèrement vêtus. La place n'étant pas approvisionnée, ils ne reçurent qu'une blouse de toile et un képi, et, pour subvenir aux frais de leur nourriture, les quarante-cinq centimes de solde qui leur étaient alloués par jour.

Le Conseil municipal, afin d'aider l'administration militaire de la place, fit appel à la charité publique ; les conseillers allèrent de maison en maison demander des vêtements, du linge et des chaussures ; on acheta des souliers qu'on distribua aux plus nécessiteux, et enfin on tira du dépôt d'habillement du 15ᵉ de ligne, un certain nombre de pantalons et de capotes qui furent également distribués.

Mais, malgré toute la bonne volonté, tous les efforts, beaucoup de malheureux mobiles ne purent être habillés ; les officiers eux-mêmes n'avaient qu'une seule tenue et encore était-elle incomplète ; c'était absolument lamentable de voir ces compagnies, ces bataillons, manœuvrant avec des uniformes les plus disparates, cela rappelait les soldats de la première Révolution, ou les bandes des Vendéens.

Les Soissonnais avaient accueilli avec enthousiasme la nouvelle de la trompeuse victoire de Sarrebrück, chacun se précipitait pour lire la fameuse dépêche de l'Empereur à l'Impératrice, beaucoup d'habitants arborèrent leurs drapeaux. Hélas ! cet enthousiasme, cette joie, causés par la première victoire des Français, devaient être de courte durée.

Le 6 Août, on apprenait la défaite de la division Abel Douai à Wissembourg.

Le 7, les bruits circulaient en ville que Mac-Mahon avait été battu à Frœschviller et qu'il était obligé de se retirer avec les débris de son corps d'armée.

Ces bruits étaient confirmés le 8, en même temps que ceux de la bataille de Forbach où le général Frossard était battu aussi, et obligé de reculer sur Metz avec son 2⁰ corps.

Ces défaites successives n'abattirent cependant la confiance de la troupe ni l'optimisme de la population ; on les avait annoncées, du reste, que comme des échecs sans importance qui ne devaient pas avoir de conséquences sur l'issue de la guerre.

La bataille de Borny, 14 Août, qui fut annoncée comme une victoire, ainsi que celle de Gravelotte, 16, et même celle de Saint-Privat, 18, dissipèrent en partie les craintes qu'avaient fait naître, chez certains, nos premiers revers ; pourtant, toute l'armée allemande foulait le sol de France, une partie de l'Alsace et de la Lorraine était en son pouvoir ; et elle allait atteindre l'armée française pour l'anéantir à Sedan.

Quoique, avant cette épouvantable et douloureuse capitulation de Sedan, on se refusât à croire, à Soissons, que les Prussiens pourraient sous peu arriver sous les murs et faire le siège de la place, l'autorité militaire et l'administration municipale ne s'occupaient pas moins de prendre les mesures nécessaires à la défense de la ville et aux intérêts des habitants.

Ceux-ci étaient prévenus d'avoir à s'approvisionner de tout ce qui, en dehors du pain, pouvait être indispensable à l'alimentation pendant un mois au moins. Les boulangers devaient se pourvoir de farine de manière à avoir une réserve suffisante pour nourrir la population et la garnison pendant deux ou trois mois, et les cultivateurs des environs étaient autorisés à faire entrer en ville les bestiaux propres à la boucherie.

Le Conseil municipal avait décidé que la somme de 1,200 francs, votée annuellement pour la célébration de la fête de l'Empereur, serait portée à 3,000 et destinée aux ambulances que l'Administration des Hospices créa à la Petite-Caserne, au Collège et à Saint-Léger. Car Soissons ne possédait pas un hôpital militaire, ni même une casemate disposée spécialement pour les blessés. Il y avait bien, à l'Hôtel de Ville, de vastes sous-sols auxquels pensa plus tard le génie militaire ; mais, en souvenir des archives municipales détruites en 1814, on utilisa ces sous-sols pour mettre à l'abri du feu, en cas de bombardement, les registres de l'état-civil, les tableaux du Musée, les manuscrits et les livres les plus précieux de la Bibliothèque, les archives des Ponts-et-Chaussées, celles de l'Intendance militaire, et toutes les lettres que l'interruption du service des Postes empêcherait de faire parvenir à destination.

Le 27 Août, le lieutenant-colonel de Noue recevait du Ministère de la Guerre l'ordre de prendre les mesures les plus urgentes.

Le Gouvernement, qui essayait de regagner du temps perdu, créait les gardes nationales rurales (lesquelles furent armées de vieux fusils à piston), et rappelait sous les drapeaux les anciens militaires de 25 à 35 ans non mariés ou veufs sans enfants.

Les bataillons de mobiles furent transformés en régiments de marche ; le commandant Carpentier fut promu lieutenant-colonel et désigné pour commander le 17ᵉ de marche composé de deux bataillons de Soissons ; M. Casimir d'Auvigny, ancien officier de cavalerie, fut nommé chef de bataillon et eut le commandement du 2ᵉ bataillon.

Le préfet de l'Aisne, M. Ferrand, lançait aux habitants du département une proclamation qui fut affichée dans toutes les communes :

« Qu'on entrave la marche de l'ennemi, disait-il,
» qu'on coupe ses communications et ses convois ;
» qu'on soustraie à ses réquisitions tout moyen
» d'alimentation et de transport.

» L'ennemi se brisera devant le patriotisme de
» tous. Il n'est pas d'épreuves qu'un peuple viril
» ne puisse surmonter. »

Cette proclamation, datée du 27 Août, était appuyée par la note officieuse suivante communiquée aux journaux du département :

« Les hommes de dévouement et d'énergie que
» le Préfet de l'Aisne a chargés d'aller s'entendre
» avec les conseillers d'arrondissement, maires,
» commandants de gendarmerie et sapeurs-
» pompiers, etc., pour l'organisation d'une
» résistance vigoureuse sur les points les plus
» directement menacés, adressent les meilleurs
» renseignements sur l'état moral du pays. Par-
» tout on refuse de subir, on repousse la honte
» de l'invasion. *Les gardes nationaux et sapeurs-*
» *pompiers se concentrent et s'organisent* ; ils ont
» reçu toutes les armes et munitions en dépôt
» dans le département, la Préfecture en attend

» de nouvelles d'un instant à l'autre. Des maires
» demandent à se joindre, un fusil à la main, à
» leur garde nationale ; le préfet les y exhorte, se
» tenant prêt lui-même à se placer au milieu de
» la garde nationale de Laon. Dans le canton de
» Craonne, il se forme une compagnie de francs-
» tireurs sédentaires. Sur d'autres points, ceux
» des habitants des campagnes qui n'ont pas
» encore d'armes annoncent qu'ils courent sus à
» l'ennemi et le harcellent par tous les moyens
» possibles. D'un autre côté, beaucoup de proprié-
» taires et de cultivateurs commencent à organiser
» des convois de troupeaux et de denrées qu'ils
» dirigeront de manière à faire le vide autour de
» l'ennemi, à l'affamer en même temps qu'appro-
» visionner notre propre armée et la population.
» Enfin, les travaux de coupure de routes et de
» chemins prescrits par le comité local de défense
» sont déjà en voie d'exécution ; ils seront gardés
» jour et nuit par les pompiers. En un mot, c'est
» la guerre de guérillas, mais une guerre sacrée
» et légale qui s'organise activement. Tout atteste
» que si l'ennemi paraît, il rencontrera en nous
» des enfants dignes de la grande Patrie, une
» défense et une résistance à outrance. Confiance
» et énergie. »

Bien patriotique ce document, mais, suivant la réflexion de M. René Fossé d'Arcosse, dans son ouvrage sur le siège de Soissons en 1870 : « La réalité ne répondait guère à ces patriotiques assurances qui tombaient au milieu d'un désarroi général. »

Les coureurs allemands, éclaireurs de l'armée du prince royal de Prusse, qui s'étaient mis à la poursuite de Mac-Mahon, étaient déjà signalés dans le département de la Marne, quelques uhlans étaient même arrivés jusqu'à Epernay. Ces cavaliers, outre qu'ils se renseignaient sur la marche de l'armée française, avaient aussi pour mission de couper les fils du télégraphe et de détruire les voies ferrées, de manière à empêcher les communications et à entraver les mouvements de nos troupes. Avec une audace incroyable, ils remplissaient leur mission, s'éloignant quelquefois à quinze et même vingt lieues de leur corps d'armée.

Le lieutenant-colonel de Noue fit garder les voies ferrées par les mobiles, en attendant que le personnel des gares fut armé et chargé de ce service ; à la gare de Soissons on construisit quelques travaux de défense et on ouvrit des meurtrières dans les murs pour faciliter la défense contre une attaque inopinée.

Les 27, 28 et 29 Août, le service public du chemin de fer fut supprimé pour ne pas entraver le passage du 13ᵉ corps (général Vinoy), qui était envoyé comme renfort au maréchal de Mac-Mahon.

Ce corps d'armée, fort de 25,000 hommes environ, n'arriva à Mézières que le 1ᵉʳ Septembre, par suite d'encombrement sur le chemin de fer de Soissons à Laon, lequel ne possédait qu'une seule voie.

Ce retard fut heureux pour lui, car il aurait certainement eu le même sort que l'armée de Sedan s'il était parvenu un jour plus tôt à sa destination.

En effet, le général Vinoy, à peine arrivé à Mézières, apprenait que les Allemands étaient déjà en forces autour de lui et que sa jonction avec Mac-Mahon était impossible, il prit le parti de se rabattre immédiatement sur Laon, où il arriva, grâce à une manœuvre hardie, dans la nuit du 5 Septembre.

Cette manœuvre avait sauvé le 13ᵉ corps, qui, ayant gagné une avance sérieuse sur les Prussiens, put arriver à Paris sans être inquiété ; il forma avec la division d'Exéa, le noyau de l'armée de Paris.

Le passage de la division d'Exéa à Soissons (4 septembre) laissa à la population une impression bien pénible, des scènes de pillage regrettables, certains soldats ivres criant à la trahison, d'autres insultant leurs chefs, c'était la démoralisation !

Cette division quitta Soissons le lendemain, 5 Septembre, ainsi que le bataillon des mobiles de la Marne (Reims), continuant la retraite.

Des francs-tireurs de Paris, venus pour garder... les ouvrages fortifiés des montagnes environnantes, se replièrent également, après avoir constaté que... ces ouvrages fortifiés n'avaient existé que dans l'imagination, parfois trop ingénicuse, de certains journalistes parisiens.

Le sous-préfet de Soissons, baron de Barral, donnait connaissance à la population de la dépêche qu'il venait de recevoir et signée Léon Gambetta, « lui notifiant la déchéance de l'Empire, la procla-
» mation de la République, et la nomination du
» Gouvernement de la Défense nationale. »

M. de Barral adressa immédiatement au nouveau Gouvernement sa démission de sous-préfet de l'arrondissement de Soissons, mais resta à son poste jusqu'à l'arrivée de son successeur, puis s'enrôla dans la garde nationale, où il servit comme simple garde pendant toute la durée du siège.

En prévision de cet évènement, qui pouvait être proche, une grande activité était déployée pour organiser par tous les moyens la défense de la ville.

L'artillerie sur les remparts, le génie sur différents points et notamment sur l'Aisne, où il établit le barrage afin d'inonder les fossés des fortifications et les environs ; sur la rive droite, toute la plaine Saint-Médard est sous l'eau ; les fossés qui entourent le faubourg Saint-Vaast, ainsi que ceux de la rive gauche jusqu'au bastion 3-4, sont remplis suffisamment pour empêcher tout assaut de ce côté ; les fossés des bastions 3-4 et 4-5, en raison de leur position au-dessus du niveau de la rivière, restèrent seuls à sec.

Le débordement de l'Aisne n'eut pas seulement pour effet l'inondation des fossés et de la plaine Saint-Médard ; tout un quartier de la ville, le quartier de l'Arquebuse, la rue de la Bannière, de Notre-Dame, de la Cour-Céleste, par suite de l'oubli, presque impardonnable, du génie qui n'avait pas fermé les bouches d'égout, tout ce quartier fut envahi par les eaux, qui causèrent des dégâts considérables ; beaucoup de personnes avaient descendu dans les sous-sols et dans les caves du mobilier, du linge, des valeurs et des objets précieux ; ils furent obligés de remonter tout au plus vite, l'eau atteignait une hauteur de plus d'un mètre dans certains endroits. Les murs menaçaient de s'effondrer, les maisons de s'écrouler, la panique était grande ; les habitants durent se réfugier aux étages supérieurs ou abandonner leurs logements dont les meubles furent enlevés à l'aide de barques.

L'eau montant continuellement, un courageux citoyen, M. Léon Lecercle, aidé de M. Scellier-Letoffé et de personnes dévouées, parvint à fermer les bouches d'égoût et à creuser un canal de dérivation. Malgré des difficultés sans nombre et avec des efforts inouïs, les sauveteurs réussirent à arrêter l'inondation, et peu après, les rues furent rendues à la circulation.

Aux fortifications, les travaux étaient poussés vigoureusement. Le commandant d'artillerie Roques-Salvaza, infatigable, toujours sur les remparts où il encourageait les travailleurs, avait à peu près terminé les travaux d'armement. Les plates-formes étaient construites, les canons sur leurs affûts, protégés par des traverses et des abris en terre, les embrasures étaient couvertes, des palissades étaient placées sur le côté extérieur des fossés, les arbres des glacis étaient abattus, sciés à environ 50 centimètres du sol, et des fils de fer fixés sur les troncs pour arrêter la marche de l'assaillant en cas d'assaut ; toutes les constructions situées dans la zône militaire étaient rasées, etc., etc. A l'arsenal, la confection des charges se continuait, et les casemates étaient pourvues d'un approvisionnement sérieux.

Le 6 Septembre, le pont de Villeneuve-Saint-Germain, sur la ligne du chemin de fer de Laon, le ponceau de Saint-Médard étaient détruits par la mine ; ensuite, ceux de Missy et de Condé, le tunnel de Vauxaillon était obstrué ainsi que celui de Vierzy, qui ne put malheureusement être complètement détruit et que les Allemands réparèrent facilement plus tard. La passerelle qui reliait, au pied des fortifications, le faubourg Saint-Waast à la ville, fut jeté dans l'Aisne ; on se demande pourquoi, car elle aurait pu être d'une grande utilité pour la défense.

Le général de Liniers venait prendre le commandement de la place ; il adressait aux habitants et à la garnison, la proclamation suivante :

« Le général commandant la 4ᵉ division mili-
» taire fait connaître aux habitants de Soissons et
» aux troupes de la garnison que, par ordre du
» Ministre de la Guerre, il prend le commande-
» ment supérieur de la place. Dans les circons-
» tances graves où nous nous trouvons, le
» maintien de la discipline la plus sévère est
» avant tout un devoir impérieux pour lui ; un
» Conseil de guerre va être immédiatement
» organisé ; il sera appelé à juger, conformément
» aux lois militaires, tout individu qui se rendrait
» coupable de déprédation ou d'indiscipline. Les
» décisions prises par ce Conseil, seront immé-
» diatement éxécutées avec la dernière rigueur.
» Le général fait appel au patriotisme et au
» dévouement de tous pour éviter la sévérité des
» mesures devant lesquelles il ne reculerait pas. »

Au moment même où cette proclamation était affichée sur les murs de la ville et lue aux troupes de la garnison, le général de Liniers se disposait à quitter la place, ayant reçu l'ordre de se rendre à Paris avec son état-major. Il partit par la route de Compiègne, les communications entre Soissons et Villers-Cotterêts étant interceptées par des tranchées et des arbres jetés en travers de la route. Avant de partir, le général avait laissé l'ordre du jour suivant, qui ne fut pas publié, probablement parce qu'on redoutait la mauvaise impression qu'il aurait produit sur l'esprit de la population.

« Le général commandant la 4ᵉ division mili-
» taire a reçu du Ministre de la Guerre l'ordre
» de se rendre immédiatement à Paris, au moment
» où il faisait appel au patriotisme des habitants
» de Soissons et où il s'apprêtait à concourir avec
» eux à la défense de la ville. Le général quitte
» avec beaucoup de regrets cette loyale et brave
» population de Soissons qui fera son devoir dans
» les graves circonstances que nous traversons
» et dont le dévouement sera à la hauteur des
» épreuves qu'elle pourra peut-être avoir à
» supporter. »

L'arrivée et le départ du général de Liniers furent à peine remarqués en ville, seuls quelques habitants en eurent connaissance, ainsi que la garnison.

La place se trouvait donc réduite à ses propres forces ; la garnison se composait, y compris l'état-major de :

Commandant de Place, le lieutenant-colonel de Noue.

Chef du génie, le commandant Mosbach.

Commandant de l'artillerie, le chef d'escadrons Roques-Salvaza.

Les corps de troupes composés de :

Une section du génie (lieutenant Caron), détachée de la division d'Exéa....... 30 hommes

La 1ʳᵉ batterie *bis* du 8ᵉ d'artillerie (capitaine de Monery, lieutenant Josset).......... 115

12ᵉ batterie de l'artillerie des mobiles du Nord (capitaine Franchomme).
13ᵉ batterie de l'artillerie des mobiles du Nord (capitaine de Flandre).   } 230
16ᵉ batterie de l'artillerie des mobiles du Nord (capitaine de Lavalette).
Batterie des volontaires soissonnais et anciens artilleurs requis pour l'instruction des hommes de cette batterie (commandée par M. Ringuier)....   50
Dépôt du 15ᵉ de ligne (major Denis)..................   1,600
2ᵉ bataillon de mobiles de l'Aisne (commandant d'Auvigny)....   1,200
6ᵉ bataillon de mobiles de l'Aisne (commandant de Fitz-James).   1,200
Ces deux derniers bataillons sont sous les ordres du lieutenant-colonel Carpentier.

TOTAL..........   4,425 hommes

On peut ajouter à cet effectif la garde nationale sédentaire (commandant Posson), environ 550 hommes.

La Compagnie de sapeurs-pompiers (capitaine Lebrun-Lagny).

Une compagnie de gardes nationaux volontaires, composée d'ouvriers, de citoyens non incorporés, environ 200 hommes commandés par M. Blagnier, ancien sergent-major d'infanterie et employé de la Compagnie du chemin de fer du Nord à la gare de Soissons. Cette compagnie fut désignée sous le titre de 5ᵉ compagnie.

Enfin une quinzaine de gendarmes sous les ordres du capitaine Jouillié.

L'armement de la place se composait de 122 pièces d'artillerie de tous genres et un grand nombre de fusils de l'ancien armement : fusils à pierre, fusils à piston et fusils à piston transformés, dits fusils à tabatière, qui furent distribués à la garde mobile. Il y avait aussi une certaine quantité de fusils modèle 1866 (fusils Chassepot).

Vers la fin du siège, ces derniers fusils furent versés aux bataillons de mobiles pour remplacer les fusils à tabatière, véritablement trop défectueux.

On put mettre en batterie seulement :

> 7 canons rayés de 24 de place,
> 18 — — 12 de siège,
> 16 — — 4 de campagne,
> 2 mortiers de 32 centimètres,
> 6 — de 27 —
> 2 — de 22 —

soit 51 pièces.

Le reste se composait de canons lisses et d'obusiers qui ne pouvaient être employés utilement.

L'approvisionnement était de :
Environ 3,000 obus oblongs de 24 rayé.
       6,000   —   — 12 —
       6,000   —   — 4 —
Avec leurs fusées percutantes :
   10,000 sans fusées.
   1,870 bombes de 32 centimètres.
   4,000   — 27 —
   1,400   — 22 —

Une certaine quantité d'obus sphériques devenus hors d'usage et dont on ne pouvait se servir.

Il y avait dans les poudrières environ 80,000 kilogrammes de poudre, et dans les magasins 2,500,000 cartouches pour fusils de tous modèles, plus un certain nombre de grenades qui avaient été chargées en prévision d'un assaut.

Le lieutenant-colonel de Noue prenait toutes les mesures réglementaires prescrites et nécessaires en cas d'une prochaine attaque. Un conseil de défense fut formé ; il était composé de :

Lieutenant-colonel de Noue, commandant de Place.
Chef d'escadrons Roques-Salvaza, commandant l'artillerie.
Chef de bataillon Mosbach, chef du génie.
Major Denis, commandant le dépôt du 15ᵉ de ligne.
Lieutenant-colonel Carpentier, commandant les deux bataillons de mobiles.

Les emplacements à occuper, en cas d'une prise d'armes, furent désignés aux corps de troupe et aux gardes nationaux, des postes de pompiers furent établis dans les différents quartiers en cas d'incendie.

Les habitants étaient avisés qu'ils devaient tous être prêts à faire la chaîne pour aider les pompiers et qu'ils ne devaient pas compter sur la troupe, celle-ci ne pouvant quitter son poste de combat. Comme précautions à prendre, on invitait les propriétaires à enlever de leurs greniers et des étages supérieurs de leurs immeubles toutes matières pouvant s'enflammer facilement et d'y installer des récipients remplis d'eau, afin de pouvoir éteindre de suite les commencements d'incendie que ne manquerait pas d'allumer un bombardement.

Le colonel de Noue fit relier à son bureau, au moyen de fils télégraphiques, les portes de la ville et le sommet de la tour de la cathédrale, qui servit de poste d'observation pendant tout le temps de l'investissement et du bombardement; il adressait aux troupes un chaleureux appel, les exhortant à faire leur devoir et à opposer à l'ennemi une vigoureuse résistance.

« Nous avons tous, disait le colonel de Noue,
» un devoir sacré à remplir : c'est celui de nous
» opposer à la marche de l'ennemi, réunissons
» tous nos efforts pour justifier la confiance que
» le gouvernement a mise en nous. »

» Sous peu, disait-il au maire de la ville,
» M. de Violaine, la place va recevoir encore trois

» batteries d'artillerie, elle sera dans un état
» parfait de défense. La troupe, comme la garde
» nationale, je n'en doute pas, est animée d'un
» élan vraiment remarquable. Il faut donc que la
» population envisage avec sang-froid et surtout
» avec courage la position de l'état de siège et que,
» par son attitude énergique, la ville de Soissons
» voie son nom placé à la suite de ceux de
» Strasbourg, Phalsbourg, Verdun, Thionville,
» qui ont été acclamés comme ayant bien mérité
» de la Patrie. »

Le maire de Soissons, ne partageant pas la confiance que montrait le colonel de Noue, insistait pour que l'on demande au Gouvernement l'envoi immédiat d'artilleurs de ligne et de deux bataillons de bonnes troupes au moins, pour assurer l'efficacité de la défense. M. de Noue répondit :

« Par une dépêche télégraphique, le Ministère
» de la Guerre m'annonce pour aujourd'hui, 7 Sep-
» tembre, l'arrivée d'une batterie venant de
» La Fère.

(Cette batterie n'arriva pas à Soissons, elle fut retenue à Laon pour la défense de la citadelle.)

» Maintenant que nos communications sont cou-
» pées, il est un peu tard pour faire la demande
» qui fait le sujet de votre lettre d'hier et qui, je
» puis vous en renouveler l'assurance, n'est
» nullement basée sur l'urgence. Ce qu'il nous
» faut, c'est de la confiance et pas cette inquié-
» tude que, malgré vous, je veux bien le croire,

» vous laissez percer. Il faut, au contraire, réagir
» sur la population dont la masse est pleine
» d'énergie. N'ayant aucune sortie à faire, bien
» suffisamment armés de bouches à feu, notre
» genre de défense est très facile et peut très bien
» se faire avec notre garnison, appuyée par la
» garde nationale sédentaire qui, j'en suis certain,
» nous rendra de grands services. »

Le lieutenant-colonel de Noue et les officiers supérieurs qui l'entouraient n'avaient certes pas cette confiance et cet optimisme qu'ils affectaient, ils se rendaient fort bien compte de l'infériorité de la place, ils connaissaient les défectuosités de notre armement, rendues plus grandes encore par la situation désavantageuse de la ville, relativement aux positions qu'occuperait l'assiégeant. Ces officiers savaient qu'ils ne pouvaient compter sur les troupes presque improvisées, insuffisamment encadrées, en partie mal armées, et chez lesquelles l'esprit de discipline n'avait pas encore pénétré. Mais il fallait dissimuler ses craintes, cacher ses appréhensions et montrer, affecter la plus grande confiance afin d'empêcher le découragement qui, dans ces circonstances, est un auxiliaire précieux pour l'ennemi.

Déjà une mutinerie avait éclaté à la caserne d'infanterie, elle aurait eu les conséquences les plus fâcheuses si l'énergique intervention du major Denis, qui avait été prévenu à temps, n'eut fait rentrer les mutins dans l'ordre.

La vérité, et les événements l'ont démontré, est que la situation était des plus précaires. Le nombre des artilleurs était de beaucoup insuffisant. Le colonel de Noue, à la demande du commandant d'artillerie Roques-Salvaza, avait fait appel au patriotisme des Soissonnais pour former une compagnie d'artilleurs volontaires qui, certainement rendrait service à la place, dont le développement considérable des fortifications, armées sur tous les points, exigeait un effectif d'au moins 800 hommes de troupe d'artillerie, alors qu'on en comptait à peine 400.

L'appel du colonel de Noue fut entendu d'un certain nombre de courageux citoyens qui formèrent, sous le commandement de M. Ringuier, une compagnie de volontaires à laquelle on confia le poste de l'Arquebuse pendant le siège et le bombardement.

Malgré cela, le nombre des canonniers demeura tout à fait insuffisant ; on dut demander à l'infanterie des hommes de bonne volonté pour apprendre la manœuvre du canon, et servir les pièces avec les artilleurs. Le concours de tous ces hommes, dévoués et courageux, fut précieux pendant le bombardement et combla un peu les vides, mais quantité de pièces n'eurent pas le nombre de servants nécessaires, et les cadres, trop restreints, durent, pour remédier dans la mesure du possible à ce malheureux état de choses, s'en partager le service ; sur beaucoup de points les pièces n'avaient pas même un brigadier pour en diriger la manœuvre, il n'y avait pas non plus d'hommes disponibles pour remplacer ceux hors de combat. On fut obligé de donner le commandement de sections de trois ou quatre pièces à chaque maréchal-des-logis, sous la direction des officiers qui eurent, de ce fait, un service quadruple de celui qu'ils auraient dû avoir réglementairement.

En troupe du génie, la place, qui en avait été dépourvue jusqu'au 5 Septembre, reçut les 30 hommes laissés par la division d'Exéa ; il en aurait fallu 300.

Les Allemands suivaient de près cette division du général d'Exéa. A peine le dernier homme avait-il quitté Reims, le 4 Septembre, que quatre uhlans se présentaient aux portes de la ville ; ils étaient suivis d'une colonne de cavalerie nombreuse, de l'infanterie et de l'artillerie.

Cette entrée des Prussiens à Reims fut marquée par un évènement tragique qui faillit avoir les conséquences les plus malheureuses.

Au moment où la tête de la colonne passait devant le *Café Louis XV*, dans la rue Cérès, un déséquilibré, un fou, tira un coup de pistolet sur les officiers qui étaient en avant. Les Prussiens ripostent aussitôt par une décharge dirigée sur le café. Un malheureux aveugle, qui se trouvait là par hasard, fut tué sur le coup. Le café fut envahi, saccagé, et le propriétaire, M. Jacquier fut arrêté. Il allait être fusillé, quand l'intervention du maire,

M. Dauphinot, qui put heureusement faire comprendre au général que M. Jacquier ne pouvait être responsable d'un fait qui se passait dans la rue, le fit remettre en liberté.

Le 9 Septembre, la présence de l'ennemi fut signalée pour la première fois dans l'arrondissement de Soissons. Le maire de Wailly, M. Mennessier, envoyait un exprès au lieutenant-colonel de Noue pour l'informer que des cuirassiers blancs venaient d'arriver et qu'ils réquisitionnaient des vivres pour le corps d'armée allemand dont ils faisaient partie. C'était le 4ᵉ corps, commandé par le général Alvensleben. Le pont de Wailly n'avait pas été détruit, il assurait le passage de l'Aisne aux Allemands qui firent passer sur ce point une grande partie de leurs troupes.

Ce même soir, 9 Septembre, une alerte fut donnée par le poste de la porte de Laon au faubourg Saint-Vaast.

Un habitant de Bucy-le-long, M. Brun, sommé par un officier allemand de porter une lettre au commandant de place de Soissons, se présentait à cette porte à la tombée de la nuit, accompagné du curé de la paroisse, M. Pécheux ; deux cavaliers prussiens qui les avaient escortés, pour s'assurer qu'ils se rendaient bien à Soissons, s'étaient arrêtés au pont du chemin de fer de Laon. Arrivé à la porte dont le pont-levis était levé, M. Brun essaie de parlementer. Au cri de « Qui vive ! » poussé par la sentinelle, l'officier chef de poste, un lieutenant de la garde mobile, croyant avoir devant lui des uhlans, ordonne au factionnaire de faire feu ; M. Brun reçoit la balle dans la cuisse, sa blessure fut heureusement peu grave, il dut retourner à Bucy, et rendit à l'officier prussien la lettre que celui-ci lui avait ordonné de porter.

Le bruit se répandit vite en ville que des Prussiens étaient venus jusqu'à la porte de Laon ; ce bruit, grossi à mesure qu'il était colporté, mit tout le monde en émoi. Le lendemain, des personnes affirmaient qu'un régiment de uhlans s'était présenté pour s'emparer de la ville par surprise.

Les dispositions de la dernière heure furent prises par la défense, elles s'imposaient, du reste, par les événements, l'ennemi était à quelques kilomètres seulement.

Les postes furent définitivement assignés aux différentes troupes, un cordon de sentinelles fut établi sur les remparts, des patrouilles organisées pour la nuit autour des fortifications.

L'artillerie était répartie sur les remparts aux emplacements qu'elle aurait à défendre pendant le siège et le bombardement :

Les artilleurs volontaires serviront les canons placés à l'Arquebuse, bastion 1.

1re batterie *bis* du 8e régiment, renforcée de soldats du 15e de ligne, le secteur compris entre le bastion 2 et le bastion 5, avec l'ouvrage à corne situé en face le bastion 4.

Le capitaine de Monery, commandant de la batterie, avait la première demie-batterie sous sa direction ; le lieutenant Josset dirigeait la deuxième ; l'ouvrage à corne fut confié au maréchal-des-logis Olanier de cette même batterie.

Le maréchal-des-logis Herbert était chargé de l'approvisionnement.

12ᵉ batterie des mobiles du Nord, le secteur compris entre les bastions 6 et 8.

13ᵉ batterie des mobiles du Nord, celui compris entre les bastions 9 et 11.

16ᵉ batterie des mobiles du Nord, occupait le faubourg Saint-Vaast.

Le commandant Roques-Salvaza avait armée de façon remarquable les principaux points.

Pensant avec raison que le côté vulnérable de la place était l'espace compris entre le bastion 3 et le bastion 6, il s'était appliqué à fortifier cette partie des remparts et à l'armer des meilleurs canons. C'est sur ce point, en effet, que l'ennemi dirigea son attaque.

Le colonel de Noue fit occuper la gare et la tête du faubourg Saint-Crépin par des troupes d'infanterie qui mirent en état de défense les bâtiments et les murs en pratiquant des meurtrières.

Le 10 Septembre, un parlementaire se présenta à la porte Saint-Martin pour demander la reddition de la place : c'était un officier de dragons prussiens appartenant au 12ᵉ corps d'armée ; il était accompagné d'un interprète, d'un trompette et de deux hommes d'escorte. Le colonel de Noue qui avait été prévenu, vint le recevoir sur la route de Fére-en-Tardenois, entre le jardin-école et les glacis des fortifications. L'officier prussien somma, au nom du général commandant le 12ᵉ corps d'armée, le commandant de la place de rendre la ville.

Le colonel refusa énergiquement, disant qu'il ne se rendrait que lorsqu'il y serait contraint :

« Monsieur, dit-il, au parlementaire, votre
» général n'ignore pas que je suis soldat, qu'il est
» de mon devoir et de mon honneur de me
» défendre si je suis attaqué. Le gouvernement
» français m'a confié la place de Soissons, la
» garnison et les habitants sont disposés à la
» résistance. Je ne me rendrai donc qu'à la
» dernière extrémité... Je dois vous prévenir, pour
» éviter tout conflit inutile, que j'ai donné l'ordre
» de tirer sur toutes les troupes ennemies qui se
» présenteront à portée de canon. »

L'officier prussien se retira et le colonel de Noue rentra en ville ; une émotion visible se peignait sur son visage, si calme et si froid d'habitude.

Dans la soirée, arriva à Soissons un nouveau sous-préfet, M. d'Artigues, à qui M. de Barral remit le service administratif.

M. d'Artigues, en prenant possession de son poste, adressa aux habitants la proclamation suivante :

« Habitants de Soissons, le Gouvernement de
» la Défense nationale m'envoie au milieu de
» vous avec la mission de vous prêcher la con-
» corde, le dévouement au Pays et toutes les
» vertus civiques qui font les grands peuples.
» Vous allez, peut-être, avoir à supporter bientôt
» une rude épreuve. N'oubliez pas que la France
» a les yeux fixés sur vous et que, par votre
» exemple, par votre conduite courageuse, vous
» pouvez ranimer le patriotisme de bon nombre
» d'esprits timides qui hésitent encore à s'armer
» pour la défense du Pays. Ne discutez pas l'uti-
» lité plus ou moins grande d'une résistance déses-
» pérée, laissez de côté tout intérêt personnel, il
» ne s'agit plus aujourd'hui que de vous montrer
» digne du nom de Français. »

Cette proclamation, qu'une partie de la population ne connut pas, laissa indifférente et froide l'autre partie, on était déjà saturé de phrases, on aurait préféré des canons et des artilleurs. On avait bien pensé un moment que M. d'Artigues, qui portait un képi à quatre galons, donnerait l'exemple des vertus qui font les grands peuples ; il n'en fut rien, et quatre jours avant le bombardement, le sous-préfet quittait Soissons sans laisser de proclamation, sans seulement un mot d'adieu à cette population à qui il conseillait le dévouement et le patriotisme.

M. d'Artigues, d'après M. René Fossé d'Arcosse, était, du reste, un homme très conciliant qui, après avoir déclaré avec une louable modestie que les questions administratives lui étaient tout à fait étrangères, mit sa bonne volonté au service des autorités locales avec lesquelles il ne cessa d'entretenir les meilleures rapports ; il avait donné sa démission pour aller dans l'Ouest... prêcher l'amour de la Patrie... et les vertus civiques qui font les grands peuples.

L'armée allemande continuait sa marche sur Paris avec la plus grande facilité, grâce à cet admirable réseau de routes vicinales qui sillonnent l'arrondissement de Soissons dans tous les sens, laissant de côté les obstacles, tournant les places fortes dont elle ne voulait s'emparer que plus tard et qui auraient ralenti sa marche. Cette marche fut d'autant plus rapide que, de Sedan à Paris, les Allemands ne rencontrèrent aucun soldat français, deux villes fortifiées seulement, se trouvaient sur leur route, Laon et Soissons.

La place de Laon, commandée par le général Théremin, n'avait pour toute garnison qu'un bataillon et une batterie d'artillerie de la garde mobile.

Le 8 Septembre, on avait entendu à Soissons une détonation forte et sourde venant de la direction de Laon. On ne savait à quoi attribuer cette détonation et les bruits les plus divers circulaient : d'après les uns, c'était un tunnel qui sautait ; d'après les autres, c'était un pont ; d'autres affirmaient que Bazaine arrivait à marches forcées et qu'il attaquait les Allemands, qu'une grande bataille allait se livrer dans les environs ; de tout cela il n'était rien, et combien de bruits semblables, aussi faux qu'absurdes, circulèrent encore pendant toute la durée de l'investissement de Soissons.

La détonation entendue avait été produite à Laon même.

Le duc de Mecklembourg, arrivant devant Laon, avait sommé le général Théremin de lui rendre la place, ajoutant qu'il brûlerait la ville avant d'attaquer la citadelle. Le général Théremin télégraphia au Ministre de la Guerre, qui lui répondit d'agir suivant les nécessités de la situation. Le lendemain, le général, dans l'impuissance où il se trouvait de résister et craignant d'attirer sur la ville un bombardement qui aurait causé les plus grands désastres, se résigna à remettre la citadelle entre les mains de l'ennemi.

Au moment où il rendait son épée au duc de Mecklembourg, une explosion formidable ébranlait l'air, la terre s'entrouvrait, les vitres des fenêtres volaient en éclats, des projectiles, des matériaux de toutes sortes, pierres, moellons, charpentes, étaient lancés à une hauteur prodigieuse et, en retombant, écrasaient, broyaient ce qui se trouvait sur leur passage. C'était comme le cratère d'un volcan qui s'ouvrait subitement. Le grand-duc de Mecklembourg tombait blessé à la jambe, à côté du général Théremin, atteint mortellement à la tête ; 11 officiers et 200 mobiles furent tués ou disparus ; 10 officiers et 150 soldats furent blessés ; tous appartenaient aux mobiles de l'Aisne (canton de La Capelle). Les Allemands eurent 30 morts, parmi lesquels 2 officiers, et 65 blessés.

La poudrière avait sauté.

Le garde d'artillerie Henriot n'avait pu se résigner à être prisonnier des Prussiens et à leur remettre le matériel et les munitions dont il avait la charge ; animé d'un sentiment de patriotisme sublime, il avait mis le feu aux poudres, préférant s'ensevelir sous les décombres ou être mis en pièces, que de se soumettre à un acte qu'il considérait comme un déshonneur. Peut-être n'aurait-il pas mis son idée à exécution s'il avait su que la citadelle n'était pas évacuée et que sa mort entraînerait celle de tant de Français ?

Le nom de l'héroïque Henriot mérite d'être placé à côté de celui des Beaurepaire, des Bisson, des marins du *Vengeur*.

Le duc de Mecklembourg s'était relevé furieux. Il menaçait Laon d'une vengance dont on se souviendrait dans des milliers d'années, il se rendit à l'Hôtel de Ville, où le Conseil municipal était en séance et entra dans la salle des délibérations, les soldats de son escorte, couchant en joue les conseillers, n'attendaient que le commandement pour faire feu.

Le maire de Laon, M. Vinchon, parvint, par ses loyales explications, à convaincre le duc de Mecklembourg que la ville et les habitants ne pouvaient être responsables d'un fait absolument individuel. Ce dernier se rendit enfin aux arguments de M. Vinchon et ne donna pas suite à ses menaces ; toutefois, il fit arrêter le préfet et le général, qui succombait, après quelques semaines de souffrances, sur un lit d'hôpital ; quant au préfet, il fut dirigé sur Reims pour être jugé, et de là, envoyé en Allemagne, où il resta prisonnier jusqu'au 31 Janvier 1871.

Les Allemands occupant la ville de Laon, Soissons se trouva séparé pour ainsi dire du reste de la France et du Gouvernement, tous les services se trouvèrent désorganisés, les communications postales et télégraphiques furent interrompues ; l'isolement de la place allait commencer, peu à peu il deviendrait complet.

De longues colonnes de troupes ennemies défilaient autour de Soissons, observant néanmoins de passer hors de portée des canons ; du haut de la tour de la Cathédrale, on apercevait des files interminables de fantassins, de cavaliers, de canons, suivies d'immenses convois de voitures de toutes sortes, escortées par des cavaliers dont quelques-uns venaient se montrer sur les hauteurs environnant la ville. Le général Alvensleben, ayant concentré son corps d'armée à Vailly, s'était remis en marche sur Paris. Un pont de bateaux sur l'Aisne construit par les Allemands entre Condé et Missy, facilitait le passage plus rapide de leurs troupes.

Le 14 Septembre, un groupe de cavaliers ennemis est signalé sur la route de Reims, près du passage à niveau du chemin de fer, ils s'avancent même entre la barrière et le faubourg ; quelques coups de fusils leur sont envoyés de la porte de Reims ; entendant les balles siffler à leurs oreilles et un des chevaux ayant été atteint, ils se retirent; une pièce de 4 de campagne est en batterie sur la porte Saint-Martin ; la charger, la pointer, fut fait en un instant, un obus leur est envoyé.

Bien dirigé, cet obus, éclata exactement au milieu de la route, à mi-hauteur des arbres, les éclats projetés en avant couvrirent les cavaliers prussiens ; un des chevaux fit un bond formidable, indiquant qu'il était touché, et c'est à une allure effrénée que les Prussiens disparurent. Un habitant de Paars, qui put entrer quelques jours après dans la place, annonça qu'un des cavaliers, un officier supérieur, avait été blessé au bras.

Le canon avait parlé, sa grosse voix allait se faire entendre pendant plus d'un mois, se répercutant d'écho en écho, tel le roulement du tonnerre, dans la vallée de l'Aisne et celle de la Vesle jusqu'à Reims.

Ce premier coup de canon avait été tiré par le soldat Vincent, ordonnance du commandant d'artillerie.

Vers midi, un deuxième parlementaire se présenta au nom du général Alvensleben et demanda la reddition de la place. Le colonel de Noue répondit à cette deuxième sommation comme à la première :

« La ville est en parfait état de défense, et la
» population aussi bien que la garnison, sont
» disposées à tous les sacrifices. Je ne rendrai la
» place qu'après avoir épuisé tous les moyens de
» défense. »

Le parlementaire porta cette réponse à son général qui, dans l'après-midi, comme pour se venger du refus, fit, des hauteurs de Sainte-Geneviève tirer trois coups de canon sur la ville. Un des obus tomba dans le jardin de Mme Rigaut, veuve de l'ancien notaire et mère de Mme de Barral ; un autre s'abattit près de la poudrière Saint-Léger ; le troisième se perdit dans la plaine, après avoir passé au-dessus de la ville ; aucun dégât ne fut causé par ces obus.

C'est par une prise de possession en règle que les Allemands marquaient leur passage sur le territoire français.

A Vic-sur-Aisne, l'état-major du corps qui s'y était concentré avait fait placarder, en français, la proclamation suivante :

« Conformément au paragraphe 4 de l'ordon-
» nance du 21 Juillet 1857 et au rescrit du para-
» graphe 18 du code pénal militaire, il est
» proclamé qu'à partir d'aujourd'hui le départe-

» ment de l'Aisne de l'Empire français se trouve
» sous la jurisprudence militaire pour toutes les
» personnes qui, sciemment, porteraient préju-
» dice aux troupes de Sa Majesté le roi de Prusse
» ou ses alliés, ou qui chercheraient à être utiles
» à l'armée française. En conséquence, seront
» punies de mort toutes personnes non attachées
» aux troupes françaises, ceux qui serviraient
» d'espions français, qui les admettraient chez
» eux, les cacheraient ou les assisteraient ; ceux
» qui serviraient de guides aux troupes françaises
» et qui montreraient de faux chemins à nos
» troupes ; ceux qui tueraient ou blesseraient, ou
» voleraient par esprit de haine ou de lucre les
» troupes de notre armée, celles de nos alliés ou
» les personnes y attachées ; ceux qui détrui-
» raient des ponts ou des canaux, des chemins de
» fer ou des télégraphes, rendraient les chemins
» impraticables ou incendieraient des munitions,
» vivres ou autres objets appartenant aux appro-
» visionnements destinés à nos troupes et à nos
» alliés ; ceux qui prendraient les armes soit
» contre nous ou contre nos alliés. Chaque indi-
» vidu et les autorités sont tenus à se soumettre
» aux autorités militaires et à les suivre. En cas
» que des citoyens attaquent les troupes prus-
» siennes ou celles de nos alliés, ou détruisent des
» télégraphes, des chemins de fer, des ponts, des
» canaux, seront punies les communes, qui ne
» livreraient pas les malfaiteurs sur-le-champ à

» l'autorité militaire, par de lourdes contributions
» en argent. De même, les maisons desquelles se
» fait jour une attaque sur nos troupes ou nos
» alliés, seront détruites de fond. »

On verra plus loin que les Allemands mirent à exécution, autour et dans les environs de Soissons, les menaces contenues dans cette proclamation, et cela avec un raffinement de cruauté digne des temps barbares.

La marche méthodique des armées allemandes, la discipline rigoureuse observée par nos ennemis provoquèrent, chez beaucoup, des remarques qui, mises en parallèle avec celles faites sur nos troupes, nous laissaient loin en arrière.

Un écrivain, M. E. Lavisse, auteur de l'*Invasion dans le département de l'Aisne*, dépeint, de la manière suivante, ses impressions sur le passage des armées prussiennes :

« Quand l'ennemi arrivait, après avoir été
» annoncé vingt fois par de fausses rumeurs, et
» qu'on voyait s'avancer dans la plaine, graves,
» silencieuses, sans trompettes, sans un cri, sans
» cliquetis d'armes, les longues colonnes de ses
» cavaliers et de ses fantassins ; quand ses éclai-
» reurs paraissaient la carabine au poing, les
» plus forts sentaient battre leur cœur. Cepen-
» dant, les hommes entraient dans les maisons et
» s'y installaient ; ils s'occupaient de la nourriture
» et du coucher ; ceux qui étaient fatigués s'éten-
» daient dans quelque coin, les malades deman-

» daient des soins, tous paraissaient bourrus et
» maussades. Néanmoins, comme on s'attendait à
» être battu et chassé de chez soi, on commençait
» à respirer, on remarquait avec plaisir que les
» officiers affectaient une certaine politesse, on se
» sentait protégé par la discipline allemande qui
» faisait l'admiration de ceux qui avaient vu,
» quelques semaines auparavant, passer les
» troupes françaises. »

Il y a lieu d'ajouter, pour bien établir la vérité des faits, que si le moindre retard était apporté dans la livraison d'une réquisition, si les armes n'étaient pas livrées aussitôt l'ordre donné, si quelqu'un montrait quelque velléité d'hostilité, ou si une apparence de résistance était constatée, si, en un mot, les Allemands concevaient la moindre crainte pour leur sécurité, les peines les plus sévères étaient appliquées, les coups de crosse de fusil, le fouet, le pillage, l'incendie, la fusillade, étaient ordonnés et exécutés sur-le-champ.

Combien de malheureux furent arrêtés sur un simple soupçon, attachés aux voitures et aux chevaux, traînés, frappés brutalement quand, exténués, ils ne pouvaient plus avancer ; des maires, des conseillers municipaux, des fermiers, furent traînés sur la place publique et soumis à la bastonnade ou à la lanière.

Combien ont été souffletés quand ils ne répondaient pas assez vite aux questions des Allemands, ou qu'ils cherchaient à sauvegarder leurs biens et ceux de leurs concitoyens en discutant avec l'officier prussien sur la réquisition à fournir ; des particuliers, des domestiques de ferme, succombèrent sous les mauvais traitements ; combien furent abandonnés sur le bord des routes ou dans les fossés, après avoir été mis dans l'impossibilité de marcher par suite de brutalités ; le cadavre du maire de Buzancy, M. Nivelle, fut retrouvé dans un fossé. Et combien d'autres victimes de cette épouvantable guerre, combien de vaillants patriotes payèrent de leur vie leur dévouement au pays ? Heureusement, pour l'honneur du nom français, la liste est longue de tous ces braves qui, obéissant aux ordres donnés par les autorités françaises ou au sentiment si noble du devoir, rougirent de leur sang le sol de la Patrie ; mais que pouvaient ces héros obscurs, ces dévouements isolés, devant la masse colossale des armées prussiennes ?

Le 18 Septembre, un habitant de Venizel vint à la Place annoncer qu'un détachement de Prussiens, composé d'une vingtaine d'hommes, est arrivé dans ce village et se dispose à y passer la nuit.

Un peloton de gardes nationaux volontaires va les surprendre, leur tue un homme et fait les autres prisonniers.

Ce petit fait d'armes, quoique de modeste importance, produisit la meilleure impression sur la population et les troupes, et eut pour conséquence l'enrôlement de nouveaux volontaires.

Le 19, arrive devant la porte Saint-Martin, un chariot couvert d'une bâche et attelé de deux chevaux, conduits par un homme portant l'uniforme allemands, c'était un cantinier prussien ; il était accompagné de sa femme et de deux soldats. Ce cantinier avait eu le malheur de demander sa route à un paysan intelligent qui lui avait indiqué celle de Soissons ; il s'aperçut de sa méprise en arrivant à la porte et voulut rebrousser chemin, mais il était trop tard, les soldats du poste, prévenus, accoururent ; ils s'emparèrent de l'attelage, du cantinier, de sa femme et des deux soldats qui les escortaient. Ce pauvre cantinier n'était pas parti de Ciry-Sermoise, où il était cantonné, en même temps que son régiment ; il avait voulu, lui aussi, faire des réquisitions chez les habitants afin d'alimenter sa cantine ; cette manière de s'approvisionner était très fructueuse pour lui ; il se fournissait sans bourse délier, et revendait ensuite aux soldats allemands qui lui payaient souvent très cher, les denrées ou objets volés.

On trouva sur ce Prussien une somme assez importante (75,000 francs environ), du beurre, des œufs, de la volaille, du tabac, du café, et une grande quantité d'objets de toutes natures, volés, ramassés, soit sur un champ de bataille, soit chez les habitants qui avaient abandonné leurs maisons, leurs habitations à l'approche de l'ennemi.

Une brave femme de Ciry-Sermoise reconnut même, le pot de beurre qui lui avait été volé la veille.

Les armées allemandes étaient suivies d'une véritable nuée d'aventuriers, de vagabonds, rôdant autour des camps, des champs de bataille, dévalisant les blessés, les achevant même, s'ils étaient certains de n'être pas vus, pour s'emparer de ce que possédaient les malheureux ; semblables aux oiseaux de proie, aux carnassiers qui s'acharnaient sur les morts, ces êtres sans nom dépouillaient, volaient, pillaient, s'appropriaient tout ce qui leur tombait sous la main pour le revendre ensuite, à des prix dérisoires, à ces mercantils, ces marchands juifs, autre catégorie d'individus aussi méprisables, qui pullullaient également à la suite des armées.

L'envahissement du Soissonnais par les Allemands privait pour ainsi dire Soissons de communications avec l'extérieur, aussi les bruits les plus divers, les rumeurs les plus fantaisistes, les plus extravagantes, dont on ignorait toujours l'origine, trouvaient crédit et étaient accueillis, notamment quand ils étaient favorables aux Français ; plusieurs fois, l'arrivée du maréchal Bazaine avec son armée était annoncée, et chacun s'attendait à voir apparaître sous peu l'avant-garde de cette armée de Metz qui, disait-on, ayant battu les Prussiens, s'avançait à marches forcées pour prendre à revers l'armée allemande qui bloquait déjà la capitale.

Une autre fois, on annonçait qu'Abdel-Kader, à la tête de 25,000 Kabyles, arrivait du côté de Laon, après avoir aidé Bazaine à battre le prince Frédéric-Charles ; on ajoutait même que, à Sissonne et dans les environs, on avait ordonné aux habitants de tenir des vivre prêts pour ces deux armées de Bazaine et d'Abdel-Kader ; d'autres bruits, plus insensés, circulaient encore, apportant, chez ceux qui y ajoutaient foi, une illusion qui, hélas ! ne tardait pas à se changer en désillusion et en désappointement.

Un certain nombre de prisonniers, échappés, après le désastre de Sedan, des mains des Prussiens, arrivèrent à Soissons. Ils furent incorporés suivant leur arme, soit au bataillon du 15e de ligne, soit à la 1re batterie bis du 8e d'artillerie ; il y avait de toutes les armes : fantassins, turcos, zouaves, cavaliers, artilleurs, autant de braves qui préféraient combattre, défendre leur pays envahi, que de se laisser emmener dans les prisons allemandes.

Le concours de ces braves soldats fut très heureux pour la garnison, car ils apportaient, avec leur bravoure, cet espèce de mépris du danger qui se communique si facilement chez nous, et dans les combats auxquels ils prirent part autour de Soissons, ils entraînèrent, par leur exemple, leurs jeunes camarades qui n'avaient pas encore vu le feu.

Le 22 Septembre, un habitant de Soissons, M. Guiot, vint annoncer qu'un détachement de cavaliers allemands, conduisant une soixantaine de chevaux, était cantonné à Beugneux, près Oulchy-le-Château ; M. Guiot ajoute que la route qui conduit à Beugneux est dégarnie de troupes ennemies, qu'on peut, par un coup de main, s'emparer des hommes et des chevaux. M. Blagnier, commandant la compagnie des gardes nationaux volontaires, réclame l'honneur d'exécuter ce coup avec sa compagnie. L'autorisation lui ayant été accordée par le colonel de Noue, Blagnier réunit ses hommes, et leur faisant part de la mission qu'il a entreprise, leur donne rendez-vous pour six heures du soir à la porte Saint-Martin ; deux soldats de la garnison, les nommés Andrain, soldat rappelé du 15e de ligne, et Vincent, cavalier à la 5e compagnie de cavaliers de remonte, avaient demandé à faire partie de l'expédition ainsi qu'un courageux citoyen, non incorporé, Gustave Loiseau.

A six heures du soir, 42 hommes étaient réunis à la porte Saint-Martin, ils étaient armés du fusil à tabatière, quelques-uns avaient le fusil chassepot.

M. Blagnier leur recommande le plus grand calme et surtout le plus grand silence ; quatre hommes, les nommés Guiot, Caze, Arthur Dupuis et Vincent, partirent en avant dans une voiture prêtée par M. Dupuis, de l'*Hôtel du Soleil d'Or* ; ils devaient, s'ils rencontraient des Allemands, revenir sur leurs pas afin de prévenir le détachement ; s'ils ne trouvaient aucun obstacle, ils devaient l'attendre à Hartennes.

La petite colonne se mit en marche à la tombée de la nuit, le plus grand silence était observé dans les rangs ; elle arriva à Hartennes où l'attendaient les quatre hommes d'avant-garde, vers onze heures du soir. Laissant la voiture à ce village, elle se dirigea immédiatement vers Beugneux en passant par Rosoy-le-Grand, où elle s'arrêta un moment pour prendre les dernières dispositions et attendre le retour de Guiot, qui était allé seul reconnaître les positions du détachement allemand. Guiot ne tarda pas à revenir rapportant les renseignements suivants :

Le détachement prussien était cantonné dans les deux fermes de Beugneux : une dizaine d'hommes, l'officier et le vétérinaire, dans la ferme, de M. Duval sur la route venant de Rosoy ; huit hommes et un sous-officier, dans la seconde ferme, celle de M. Moussu, à l'autre extrémité du village, sur la route d'Oulchy-le-Château ; l'officier et le vétérinaire occupaient les chambres du fermier, les hommes étaient répartis dans les écuries avec les chevaux.

En raison de son éloignement de toute garnison française, le détachement se croyait en pleine sécurité, et ne mettait pas de factionnaire, circonstance heureuse qui facilita le succès de l'expédition.

Il fut décidé que l'on tâcherait de s'emparer des Prussiens sans tirer un coup de fusil. La petite troupe fut divisée en quatre groupes : l'un, commandé par Blagnier lui-même, devait s'emparer de l'officier et du vétérinaire, deux autres devaient surprendre les hommes couchés dans les écuries ; le quatrième, garder les portes extérieures pour empêcher les Allemands de s'échapper.

Le coup de main devait s'exécuter avec le moins de bruit et le plus promptement possible, car 200 cavaliers prussiens étaient cantonnés à Oulchy-le-Château, distant seulement de deux kilomètres.

Il était minuit et demie quand on arriva aux portes de la première ferme, dont les chiens se mirent à aboyer furieusement, il fallut se presser ; le fermier, mis au courant par Guiot, avait laissé les portes de manière qu'il n'y ait qu'à les pousser. Aussitôt entré dans la ferme, Blagnier, suivi de Guiot et des frères Fontaine, se précipita vers les chambres occupées par l'officier et le vétérinaire ; les deux autres groupes, guidés par un domestique, coururent vers les écuries.

L'officier prussien, un tout jeune homme, réveillé par le bruit, saisit son revolver et à travers la cloison vitrée de sa chambre, envoya une balle qui effleura la tête de Blagnier ; l'un des frères Fontaine riposta par un coup de fusil qui atteignit le Prussien en pleine poitrine ; celui-ci tomba en tirant encore deux coups de revolver, un dans la direction des assaillants, le deuxième se perdit dans le plafond de la chambre. Le malheureux officier fut cloué sur son lit d'un coup de baïonnette qui l'acheva.

Le vétérinaire se rendit sans résistance.

Pendant ce temps, un des groupes pénétrait dans une écurie, un ancien zouave nommé Laforge, en tête, suivi de Vincent. « Rendez-vous ! » cria Laforge d'une voix formidable et, avant que le uhlan qui se trouvait devant lui ait eu le temps de répondre, Laforge, entendant des coups de feu, tira à bout portant un coup de fusil sur le malheureux qui tomba comme une masse. Vincent, poussait de sa baïonnette un deuxième uhlan au fond de l'écurie, ce dernier fit signe qu'il se rendait, il fut fait prisonnier avec les quatre autres qui étaient dans le même bâtiment.

Il restait à s'emparer de ceux occupant la deuxième écurie. Le bruit et les détonations les avaient mis sur leurs gardes et, un moment, l'hésitation se produisit dans le groupe qui devait s'en emparer ; Vincent, étant sorti de la première écurie, aperçut deux des prussiens, debout dans le fond du bâtiment ; d'un bond, il fut dans l'écurie et s'élança baïonnette en avant sur les Prussiens, qui se rendirent. Dupuis et les autres hommes du groupe entrèrent aussitôt.

L'on savait que cette écurie contenait quatre hommes et comme on n'en avait pris que deux, il fallait trouver les autres ; on chercha, fouilla dans tous les coins, on sonda le fumier et les tas de paille avec les baïonnettes, mais rien. On allait se retirer quand Loiseau avisa dans le ratelier des bottes de paille assez grosses. « Seraient-ils là-dedans ? » s'écria-t-il en lançant un coup de baïonnette dans la paille. Un cri répondit à la question et au coup de baïonnette. Loiseau avait touché un des deux prussiens qui, pour se soustraire au sort de leurs camarades, avaient imaginé de se dissimuler dans la paille du râtelier. Se voyant découverts, et sous la menace de Loiseau qui le mit en joue, les deux malheureux, plus morts que vifs, descendirent de leur cachette et furent fait prisonniers aussi.

Le vétérinaire et les soldats allemands dont on venait de s'emparer, furent laissés sous bonne garde, et vivement le détachement se dirigea vers la deuxième ferme.

La porte cochère, donnant sur la route, s'ouvrit à la sommation de Blagnier, toujours en tête avec Guiot.

Deux coups de pistolet accueillirent les volontaires dont, par le plus grand des hasards, aucun ne fut atteint ; une décharge de huit à dix coups de fusil répondit à ces deux coups de pistolet ; les deux Prussiens qui les avaient tirés, roulèrent à terre grièvement blessés ; l'un d'eux, le sous-officier qui commandait le détachement, avait une jambe fracassée. Nos volontaires se précipitèrent vers les écuries et s'emparèrent des Prussiens qui s'y trouvaient.

Cependant, un domestique de la ferme prévint qu'un des soldats allemands avait pu se diriger vers un grenier dont une fenêtre donnait sur la plaine ; ce soldat pouvait, en sautant par la fenêtre, s'échapper et courir à Oulchy informer les Prussiens qui y étaient cantonnés ; Vincent, Loiseau et deux autres volontaires coururent immédiatement pour cerner la ferme. Les deux volontaires sur la route de Fère-en-Tardenois, Loiseau sur celle d'Oulchy, Vincent, à l'angle de la ferme donnant sur la plaine entre les deux routes ; ils étaient à peine arrivés à leurs postes qu'un homme sautait par la fenêtre et se dirigeait en courant du côté d'Oulchy. Trois coups de fusil sont tirés sur lui sans l'atteindre ; Vincent rechargea son arme, et après avoir crié trois fois : halte au fuyard, lui envoya une seconde balle, qui lui traversant le corps de part en part, l'étendit raide mort.

Les uhlans prisonniers furent amenés aussitôt à la première ferme, réunis à leurs camarades et dirigés immédiatement, ainsi que le vétérinaire, sous bonne escorte sur Soissons ; les blessés furent mis dans une voiture et furent transportés également à Soissons, où ils furent soignés à l'hôpital ; les habitants de Beugneux donnèrent le lendemain la sépulture au malheureux officier et aux deux soldats tués.

Les chevaux, réunis et accouplés deux par deux, furent amenés à Soissons.

Il était cinq heures du matin, quand la petite colonne rentra en ville ; elle ramenait : un vétérinaire et dix-sept soldats prisonniers, dont deux grièvement blessés et environ cinquante chevaux ; elle avait tué un officier et deux hommes.

Le lendemain, le lieutenant-colonel de Noue faisait paraître l'ordre du jour suivant :

« Le Commandant de Place est heureux de
» remercier la garde nationale du concours qu'elle
» apporte à la défense de la place. Depuis quel-
» ques jours, trois reconnaissances ont été exé-
» cutées par la garde nationale : l'une d'elles
» (celle de Venizel), a ramené 10 prisonniers.
» Dans celle exécutée dans la nuit du 23 au 24
» par la compagnie de volontaires à Beugneux,
» à 20 kilomètres de la place, il a été fait, à la
» suite d'une résistance énergique, une capture
» de près de 50 chevaux, d'un vétérinaire, de
» 2 sous-officiers et de 15 soldats. L'officier
» prussien qui commandait le détachement a été
» tué ainsi que deux autres militaires ; deux
» blessés ont été portés à l'hôpital.
» Le présent sera mis à l'ordre des troupes de
» la garnison et de la garde nationale.
» Soissons, le 25 Septembre 1870.

» *Le Commandant de Place,*

» Signé : DE NOUE. »

Depuis quelques jours, des corvées étaient commandées pour aller, sur la butte de Villeneuve, couper des branchages nécessaires à la confection des gabions, et aussi pour faire des percées de tir ; ces corvées étaient escortées par un détachement fourni, soit par le 15ᵉ de ligne, soit par les mobiles, des sentinelles avancées étaient placées afin d'éviter toute surprise.

Le 24 Septembre, 22 artilleurs de la compagnie des volontaires soissonnais, quelques artilleurs de la 1ʳᵉ batterie *bis* du 8ᵉ d'artillerie et une quinzaine de mobiles, escortés par des hommes du 15ᵉ de ligne et des mobiles, étaient vers deux heures de l'après-midi occupés à ce travail, quand un habitant de Venizel vint les informer que les Prussiens approchaient. Le travail fut arrêté immédiatement ; chacun prit son poste de combat, les sentinelles furent doublées et dissimulées derrière les arbres et les talus de la route, déployés en tirailleurs, nos artilleurs attendent l'ennemi.

Des cavaliers prussiens ne tardent pas à déboucher du lieu dit la Chaumière, les deux mobiles en sentinelle sur la route les laissent s'approcher à bonne portée et font feu, deux cavaliers tombent renversés sur leurs chevaux (ils étaient attachés à la selle), les autres tournent bride en emmenant leurs camarades ; l'infanterie prussienne entre aussitôt en ligne, elle est accueillie par une grêle de balles qui arrête sa marche. Les Allemands ripostent, et bientôt une fusillade nourrie pétillait des deux côtés.

Attaquée par des forces d'au moins dix fois supérieures en nombre, notre poignée d'hommes lutte avec énergie ; ce n'est qu'après deux tentatives infructueuses que l'ennemi parvint à s'emparer de la butte de Villeneuve et de la voie ferrée.

Menacés d'être enveloppés et cernés, nos artilleurs et nos mobiles se replient sur la fabrique de Milempart et sur le faubourg Saint-Crépin en attendant le secours qu'ils ont demandé à la place. Deux compagnies du 15ᵉ de ligne et une compagnie de gardes mobiles, sous le commandement du major Denis, arrivent bientôt et nos troupes reprennent vigoureusement l'offensive.

Une compagnie du 15ᵉ, se joignant aux artilleurs volontaires, attaque l'ennemi et essaie de lui reprendre la butte de Villeneuve ; l'autre compagnie du 15ᵉ de ligne s'avance sur la route de Reims, à la rencontre des renforts allemands qui arrivent de Venizel ; la compagnie de mobiles du 2ᵉ bataillon est déployée en tirailleurs, en avant de la ligne du chemin de fer, entre la gare et la route de Reims.

Les Allemands avaient attaqué dabord avec un bataillon qui s'était avancé, précédé de quelques cavaliers, pour opérer une reconnaissance et détacher deux compagnies le plus près possible de la place, afin d esurveiller les mouvements de la garnison. Arrêté par nos artilleurs, le lieutenant-colonel Stülpnagel envoie un adjudant à Venizel donner l'ordre aux trois bataillons de landwehr et à l'escadron de cavalerie d'accourir au pas de course renforcer le bataillon qui se trouve aux prise avec les Français. Les Allemands se divisent en trois colonnes : l'une suit la voie du chemin de fer, l'autre, la route de Reims, et la troisième a pour mission d'opérer sur la gauche et de s'avancer le plus possible afin de prendre les troupes françaises de flanc.

La fusillade devient générale, toutes ces troupes sont aux prises. Le canon de la place se met de la partie. Une pièce de 24 de place, en position sur le cavalier 27, envoie des obus dans les bois situés au pied de la montagne de Sainte-Geneviève, où sont postés de nombreux tirailleurs prussiens ; la pièce de 4 de campagne de la porte Saint-Martin envoie aussi ses projectiles sur ces mêmes bois et sur les détachements ennemis qui s'avancent à découvert sur et aux abords de la route de Reims.

Les efforts faits par nos troupes pour reprendre la butte de Villeneuve restent sans succès, l'ennemi s'y étant installé dans une position avantageuse et, appuyé par ses troupes de renfort, il lui devenait facile de défendre ce point.

Nos artilleurs, nos fantassins et nos mobiles, qui voyaient le feu pour la première fois, se battent pourtant vaillamment.

Le commandant Denis, à la tête d'une section, s'avance hardiment sur la route de Reims pour se rendre compte de la situation ; l'intrépide commandant tombe bientôt atteint par une balle qui lui fracasse la cheville, ses hommes l'emportent ; des cavaliers prussiens chargent sur le groupe dont faisait partie le lieutenant de mobiles Denis, frère du commandant, ils allaient l'atteindre : « F..., mettez-moi par terre, s'écrie le commandant et tirez dessus. » Une décharge arrête heureusement les Prussiens, qui tournent bride, et le commandant peut être mis en sécurité.

A peu près au même moment, M. Ringuier, commandant des artilleurs volontaires, recevait une balle dans l'épaule en combattant à la tête de ses hommes.

La blessure du commandant Denis, réduisant à l'inaction le chef du 15ᵉ de ligne pendant toute la durée du siège, nous privait de l'un de nos officiers les plus énergiques et sur lequel la défense s'appuyait le plus. D'une bravoure à toute épreuve, le commandant n'aurait certainement pas hésité à se mettre à la tête de son bataillon pour opérer des sorties qui, bien conduites, auraient rendu de grands services à la place et fait beaucoup de mal à l'ennemi.

Le combat continua jusqu'à la nuit, pressé vivement par un ennemi bien supérieur en nombre et privés de leur chef, nos soldats battent en retraite en bon ordre, tout en contenant les Prussiens qui n'osent pas s'avancer au-delà du chemin de fer.

Nos pertes dans cette affaire furent de 2 officiers et 8 hommes blessés, 16 disparus. Les Allemands accusaient 2 morts, 1 sergent-major et 1 porte-drapeau ; 15 blessés, 2 chevaux tués et un blessé. Le lieutenant-colonel Stülpnagel avait été lui-même légèrement blessé, mais leurs pertes durent être plus grandes, s'il faut en croire le récit des paysans qui parvinrent à entrer dans la place par la suite, car un grand nombre de voitures furent réquisitionnées pour transporter les blessés. Le bruit courut même qu'un colonel mourut à Paars des suites de ses blessures ?...

Il y a lieu de citer parmi ceux qui se sont distingués dans cette première affaire avec les troupes prussiennes, indépendamment du major Denis et de Ringuier : le brigadier François, du 8e d'artillerie, et le nommé Quénet, artilleur volontaire, qui se firent remarquer par leur intrépidité et leur sang-froid.

Le sergent du 2e tirailleurs algériens, Admed-ben-Bagdad, échappé de Sedan et qui était arrivé à Soissons depuis quelques jours, prit part à la sortie ; posté sur la route de Reims, il mit plusieurs Prussiens hors de combat ; blessé et porté disparu le soir même, il rentrait en ville le lendemain. Il n'avait pu se retirer en même temps que la compagnie dont il faisait partie ; voyant la route barrée par les Prussiens, il se dissimula dans un champ de betteraves et parvint en rampant, une fois la nuit venue, à traverser les lignes de sentinelles que les Allemands avaient placées le long du chemin de fer.

L'ordre de la place suivant parut le surlendemain :

« Ordre de la Place

» Le Commandant de Place est heureux de citer
» les noms des militaires qui lui ont été signalés
» dans les divers rapports à lui adressés sur
» l'engagement du 24.

» *Artillerie.* — Le brigadier François, du
» 8ᵉ d'artillerie, les artilleurs volontaires de la
» garde nationale Ringuier et Quénet.

» *15ᵉ de ligne.* — Le commandant Denis, qui
» s'est porté en avant avec une section de
» 40 hommes pour reconnaître la position de
» l'ennemi et qui a été gravement blessé.

» Le sous-lieutenant Dutocq, qui s'est porté
» avec une section au secours du commandant,
» est cité particulièrement comme l'ayant vigou-
» reusement secondé.

» Le sergent Durand, du recrutement de la
» Marne, et les soldats Mignard et Dufrenoy,
» MM. les sous-lieutenants Prétet (blessé) et
» Didier.

» Les sergents-majors Fortin, blessé, et Mar-
» sand, blessé et malheureusement disparu.

» Les sergents Barré, du recrutement de la
» Meuse, blessé, et Ahmed-ben-Bagdad, du
» 2ᵉ tirailleurs, blessé et disparu.

» M. Denis, lieutenant de la garde nationale,
» qui a combattu dans les rangs du 15°, a guidé
» les tirailleurs sur le terrain qu'il connaissait
» parfaitement comme habitant de la localité.

» Le 2ᵉ bataillon de la garde mobile a soutenu
» le mouvement et a empêché les Prussiens de
» s'établir dans la halle aux marchandises.

» Le commandant cite le sergent Jacquemin, du
» 15°, comme s'étant joint à la 4ᵉ compagnie, et
» pour s'être avancé dans une position très
» dangereuse, d'où il a réussi à mettre plusieurs
» ennemis hors de combat.

» La 8ᵉ compagnie a eu un homme blessé,
» le nommé Iste (Gustave).

» Soissons, le 26 Septembre 1870.

» *Le Commandant de Place,*

» Signé : DE NOUE. »

Le grand-duc de Mecklembourg adressait, de Reims, le télégramme suivant au ministère de la guerre à Berlin :

« Samedi, nous avons un engagement sérieux
» sous les murs de Soissons, après un combat
» de quatre heures, nous avons forcé l'ennemi
» à rentrer en ville après avoir subi de grandes
» pertes, le commandant de la place a fait
» demander un armistice pour enterrer ses
» morts, nous le lui avons refusé.

» Signé : Duc DE MECKLEMBOURG. »

Il convient d'ajouter, pour rétablir la vérité, qu'aucun armistice ne fut demandé ; seulement, un médecin de Soissons, M. Vilain, qui était parti, avec quelques brancardiers portant les insignes de la Convention de Genève, pour secourir les blessés restés sur le champ de bataille, fut arrêté avec ses hommes par les Prussiens et conduit, à Venizel, sous forces menaces, au commandant des forces prussiennes, qui les garda prisonniers pendant qu'un parlementaire venait sommer le colonel de Noue de lui rendre la place. Le colonel refusa catégoriquement et reprocha amèrement au parlementaire les procédés des Allemands envers des gens couverts par la Convention de Genève, et qui n'avaient d'autre but que de porter secours aux blessés sans distinction de camp.

M. Vilain et ses hommes ne furent mis en liberté que le lendemain et rentrèrent à Soissons, sans avoir accompli même une partie de leur noble mission.

Plusieurs des hommes qui avaient été portés disparus rentrèrent dans la place en se glissant à travers les lignes prussiennes.

Le 25, dégradation militaire du canonnier Humbert, de la 1re batterie du 8e régiment, condamné par la Cour martiale à cinq ans de réclusion et à la dégradation militaire, pour tentative de meurtre sur la personne d'un de ses camarades.

Le condamné fut amené devant les troupes de la garnison, rangées en bataille sur la place d'armes. Placé entre quatre hommes de sa batterie, il entendit la sentence, un adjudant lui arracha ses boutons et tous les insignes militaires, on le fit passer, escorté par ses quatre camarades devant le front des troupes, puis il fut remis entre les mains des gendarmes qui le conduisirent à la prison civile.

Cette exécution impressionna vivement nos jeunes soldats et fut d'un effet salutaire pour la discipline.

L'ennemi commença, à la suite de l'engagement du 24, à prendre ses dispositions pour l'investissement de la place ; il fixa la position de ses grand'gardes : il occupa avec un bataillon le plateau de Sainte-Geneviève, les autres troupes se cantonnèrent à Billy et à Venizel, ses pionniers construisirent des abris pour les avant-postes, et différents travaux de défense, que notre artillerie chercha à détruire en lançant dessus nombre d'obus.

Une douzaine de jours après la reddition de Laon et l'arrestation du préfet de l'Aisne par les Prussiens, un nouveau préfet fut nommé, la ville de Saint-Quentin lui fut assignée comme résidence provisoire. M. Anatole de la Forge, une fois en fonctions, porta à la connaissance de ses administrés un décret de la délégation de Tours prononçant la dissolution immédiate des conseils municipaux ; il révoquait les sous-préfets de Soissons, de Château-Thierry et de Vervins.

Le sous-préfet de Soissons, qui, dès le 5 Septembre, avait donné sa démission, protesta contre cette révocation et pria le préfet de rapporter son arrêté.

M. de la Forge répondit à M. de Barral que « sa révocation était une mesure générale
« qui devait atteindre tous les fonctionnaires du
« département de l'Aisne nommés sous l'Empire.
« Si vous avez donné votre démission, ajoutait
« M. de la Forge, je vous en félicite et ma mesure
« n'aura eu qu'un tort, celui d'avoir été inutile. »

Le maire de Soissons, M. de Violaine, avait aussi démissionné. Une commission provisoire, composée de MM. Dumont, Sugot et Choron, conseillers municipaux, fut nommée pour l'administration de la ville, cette commission devint définitive et resta en fonctions jusqu'à la fin du siège; toutefois, M. Sugot ayant déclaré, huit jours plus tard, que ses fonctions d'ingénieur en chef des ponts-et-chaussées étaient incompatibles avec celles de membre d'un bureau définitif, M. Henri Salleron fut nommé à sa place avec le titre de président.

Quoique à peu près séparé du reste de la France, Soissons avait, par le Nord, encore des nouvelles de l'extérieur et pouvait encore correspondre, d'une manière incomplète il est vrai, avec le dehors. Le service de la poste se faisait par courrier à pied, mais une petite quantité de la correspondance seulement put être expédiée; le reste fut gardé, mis en lieu sûr, en attendant le moment favorable pour être adressé aux destinataires.

On apprenait, entre autres nouvelles, que trois membres du Gouvernement de la Défense nationale avaient quitté Paris à l'approche des armées allemandes, et étaient allés à Tours, pour, de là, gouverner le reste de la France.

Ces trois membres : Crémieux, Glais-Bizoin, et l'amiral Fourrichon furent rejoints quelque temps après par Léon Gambetta, qui put sortir de Paris en ballon, arriver à Tours, se joindre à la délégation et prendre en mains le gouvernement de la province.

La commission municipale avait décidé, en raison des circonstances, de convoquer les électeurs pour nommer des nouveaux conseillers municipaux, l'élection eut lieu le Dimanche 25 Septembre. C'est au bruit du canon qui tonnait sur les remparts, que les citoyens se rendirent à l'Hôtel de Ville ; l'opération du vote se fit lentement, car, en raison de l'heure avancée, les membres du bureau durent remettre au lendemain le dépouillement du vote. On allait procéder à cette opération, quand une proclamation émanant du Gouvernement de Tours arriva à Soissons; après en avoir pris connaissance, on brûla les bulletins de vote et l'élection fut annulée.

Provoquée par l'entrevue de Jules Favre et du comte de Bismarck, au château de Ferrière, entrevue au cours de laquelle Jules Favre, en réponses aux exigences du chancelier, lança la phrase devenue historique : « *Pas un pouce de notre territoire, pas une pierre de nos forteresses.* » Cette proclamation se terminait ainsi :

« A de si insolentes prétentions, on ne répond
» que par la lutte à outrance, la France accepte
» cette lutte et compte sur tous ses enfants. »

Enfin elle était accompagnée du décret suivant :

» Vu la proclamation ci-dessus, qui constate la
» gravité des circonstances, le Gouvernement
» décrète :

» 1° Toutes élections municipales et pour
» l'Assemblée constituante sont suspendues et
» ajournées ;

» 2° Toute élection municipale qui serait faite
» est annulée ;

» 3° Les préfets pourvoiront par le maintien des
» municipalités actuelles ou par la nomination
» de municipalités provisoires. »

M. Anatole de la Forge, de son côté, adressait aux habitants du département de l'Aisne la proclamation suivante :

« La première pensée du Gouvernement de la
» Défense nationale avait été de vous appeler dans
» vos Comices, afin que, mis en possession de vos
» droits politiques, vous puissiez ratifier légale-
» ment l'acclamation populaire d'où est née la

» République. Aujourd'hui, les déclarations de la
» Prusse, voulant réduire la France à l'état de
» puissance de second ordre, ne laissent place
» qu'à un seul sentiment, celui de la résistance à
» tout prix. »

Joignant l'action à la parole, le préfet de l'Aisne organisa la défense de Saint-Quentin, il créa des compagnies de volontaires, arma la garde nationale et les pompiers, et il repoussa deux fois les Allemands, qui tentaient d'entrer à Saint-Quentin.

M. de la Forge fut blessé en défendant une barricade construite à l'entrée de la ville.

Le 25 Septembre, le canon de la place envoie des obus sur les détachements ennemis passant à découvert sur le plateau Sainte-Geneviève. Les Prussiens étendent vivement leur ligne d'investissement; ils occupent la gare, que nous avions eu le tort d'abandonner, et Beleu ; deux jours après, le cordon d'investissement arrivait sur la rive gauche de la Crise, jusqu'à Vauxbuin, et la ferme de Presle.

La faiblesse numérique de ses troupes empêchant l'ennemi d'occuper fortement chaque point, il procédait avec méthode, ses pionniers retranchaient solidement le terrain occupé par ses avant-postes, une tranchée était creusée pour relier la route de Reims à la gare, les fermes, les maisons étaient mises en état de défense. Un pont de radeaux était jeté sur l'Aisne, à Venizel, à côté du bac, qui avait été retrouvé et remis en état.

Le 26 Septembre, une sortie fut décidée pour essayer de déloger l'ennemi des positions avancées qu'il occupait déjà fortement, notamment la gare, et les bâtiments de la petite vitesse, ainsi que les maisons du faubourg de Reims, où il s'était établi et d'où ses tirailleurs inquiétaient nos artilleurs sur les remparts.

Les canons du front Sud de la place ouvrirent d'abord un feu très vif et couvrirent d'obus le terrain compris entre Villeneuve et Beleu, battant tous les points que l'on supposait occupés par l'ennemi.

Un détachement du 15ᵉ de ligne, fort de 200 hommes, sous le commandement du capitaine de Tugny, appuyé par 100 hommes du 2ᵉ bataillon des mobiles de l'Aisne, commandés par le capitaine Lambert, sortit par la porte Saint-Martin vers cinq heures de l'après-midi. Le 15ᵉ de ligne s'avançait directement sur le faubourg, arrivé vers le milieu, il fut arrêté par une fusillade très nourrie, partant des maisons et des murs crénelés. Le capitaine de Tugny déploya sa compagnie et riposta, mais sa tentative, pour chasser l'ennmie, resta infructueuse.

La compagnie du capitaine Lambert, déployée en tirailleurs appuyait le mouvement sur la droite, une section attaquait la gare, l'autre section essayait de tourner le faubourg de Reims ; guidée par le lieutenant Denis, qui a la connaissance parfaite du terrain, cette compagnie s'avança sous une pluie de balles en combattant vaillamment, elle ne parvint pas à débusquer l'ennemi et après deux heures d'un combat très vif, les deux compagnies rentraient dans la place.

Nos pertes dans cette affaire furent de 2 morts et 2 blessés; l'ennemi, de son côté, avait 3 officiers, 5 hommes et 2 chevaux blessés. La nuit suivante, on entendit des remparts des cris partant de l'endroit où avaient combattu les mobiles du capitaine Lambert.

Nos ambulanciers, précédés du drapeau blanc à croix rouge de la Convention de Genève, sortirent le lendemain matin, à la première heure, pour explorer le lieu du combat, ils se dirigèrent d'abord vers la gare, d'où les Prussiens tirèrent sur eux des coups de fusils, qui les obligèrent à gagner le faubourg Saint-Crépin; ils ramassèrent le cadavre d'un soldat du 15e de ligne, horriblement mutilé, et celui d'un mobile du 6e bataillon, lardé de coups de baïonnettes; ce mobile avait sans doute voulu faire partie de la sortie et s'était joint à ses camarades du 2e bataillon. Un habitant du faubourg, qui n'avait pas quitté sa demeure, raconta avoir vu des Prussiens venir achever ces malheureux.

L'ordre du jour ci-après fut publié relativement à cette sortie du 26 :

« Ordre de la Place

» Une sortie, ayant pour but de chasser les
» Prussiens du faubourg de Reims et d'incendier

» leurs abris, a eu lieu le 26, à cinq heures du
» soir ; 200 hommes du 15ᵉ étaient sous les
» ordres de M. le capitaine de Tugny ; la moitié
» sous la conduite de M. le lieutenant Jacquin,
» du recrutement de la Marne, a pénétré dans
» le faubourg sous un feu très vif.

» Encore une fois, M. Denis, lieutenant de la
» garde nationale, a guidé nos hommes sur le
» terrain ; par sa parfaite connaissance des lieux,
» il nous rend les plus utiles services.

» Se sont parfaitement signalés :

» Le fourrier Maury, les caporaux Saillard,
» Vallot (blessé), Héhnie (blessé) ; les soldats
» Coulmy, Marmeraude, Martin (Louis) et trois
» tirailleurs algériens qui se sont déjà signalés
» le 24.

» M. le capitaine Lambert, du 2ᵉ bataillon de
» la garde mobile a exécuté, avec 100 hommes,
» sur la droite, pour appuyer le 15ᵉ, un mouve-
» ment qui a été parfaitement accompli.

» Le Commandant est heureux de féliciter le
» capitaine Lambert, les lieutenants Baudelot et
» Lemaire, les sous-officiers du bataillon, auxquels
» s'était joint le sergent Botiaux, des volontaires
» de la garde nationale, enfin tous les mobiles
» du 2ᵉ bataillon qui ont assisté à l'affaire.

» Soissons, le 27 Septembre 1901.

« *Le Commandant de Place,*

» Signé : DE NOUE. »

La sortie du 26 n'avait pas intimidé les Allemands, leurs avant-postes se rapprochaient de plus en plus par le faubourg Saint-Crépin, et des maisons où ils s'installaient, envoyaient des coups de fusil à nos artilleurs ; ils s'étaient même avancés jusqu'à la fonderie, à quelques mètres seulement des fortifications ; ils avaient tenté de détruire pendant la nuit, le barrage établi, sur la Crise, au pont de l'avenue de la Gare, par le génie militaire pour étendre l'inondation, et ils tiraient sur les hommes qui, le lendemain, avaient été envoyés pour refaire ce barrage. Le garde du génie Marchal, chargé de la direction de ce travail, reçut en pleine poitrine une balle prussienne qui le renversa. Par un hasard providentiel, il ne fut pas même blessé, la balle ayant touché juste sur sa montre qui fut brisée, mais qui sauva la vie à son propriétaire.

En raison de cette audace de l'assiégeant, le Conseil de Défense décida l'incendie de la fonderie et des premières maisons du faubourg Saint-Crépin, afin d'éloigner l'ennemi, dont la présence, presque sous les murs, était un danger constant.

Dans l'après-midi du 27, des hommes de bonne volonté sortaient de la place munis de bottes de paille et d'essence de pétrole. Une compagnie du 15ᵉ de ligne, qui les protégeait, débusquait vivement l'ennemi des maisons qu'il occupait, et les hommes de corvée commençaient l'œuvre de destruction, les flammes s'élevaient bientôt, un immense incendie dévorait la fonderie, les bâtiments et habitations environnantes ; les habitants, à peine prévenus, n'eurent que le temps d'emporter leurs effets et leurs objets les plus précieux.

Cet incendie provoqua un grand mécontentement et une grande tristesse chez les habitants qui voyaient sous leurs yeux mêmes, le feu dévorer leurs propriétés, l'anéantissement de leur fortune. Un vieillard ne voulut jamais se soumettre à ce sacrifice ; armée d'une hache, il menaçait de fendre la tête au premier qui s'avancerait, sa maison fut épargnée.

Ce n'est certainement pas sans un grand serrement de cœur chez tous ses membres, que le Conseil de Défense avait décidé l'incendie du faubourg Saint-Crépin ; mais la guerre à de ces nécessités devant lesquelles il est impossible de reculer, et si grand que fut le sacrifice, il était absolument nécessaire, les circonstances l'imposaient.

Les habitants furent recueillis en ville avec ce qu'ils purent emporter ; la municipalité s'occupa de les loger et de leur fournir la nourriture.

Dans la nuit, plusieurs coups de canon furent tirés sur divers points où l'on supposait l'ennemi établi, notamment sur les hauteurs de Sainte-Geneviève, où il semblait se préparer à construire des batteries.

Dans la matinée du 28, cette canonnade continua, des obus furent envoyés partout où l'on avait vu des Prussiens. Des fantassins, en faction sur les remparts tirèrent par erreur sur un malheureux jardinier qui cueillait des légumes dans son jardin et le blessèrent grièvement. Ordre fut immédiatement donné par la Place de ne tirer que sur ordre, afin que les surprises du même genre ne se renouvellent plus.

De nombreux militaires de toutes armes, échappés de Sedan, arrivèrent encore dans la place.

L'incendie du faubourg Saint-Crépin continua.

Dans l'après-midi, une sortie vigoureuse eut lieu pour chasser l'ennemi des positions trop rapprochées.

150 gardes mobiles du 2° bataillon (capitaine Roussel) attaquaient les postes prussiens des dernières maisons du faubourg, et les rejettaient au-delà du passage à niveau et de la sucrerie de Milempart, pendant que l'artillerie bombardait la gare des voyageurs, les bâtiments des marchandises et les maisons environnantes occupées par l'ennemi. Ces points furent couverts et criblés de projectiles, le *Café Maisonnave*, près de la gare, prit feu et fut bientôt détruit. En même temps, la 5° compagnie du 2° bataillon (capitaine de Commines), une compagnie du 15° de ligne (capitaine Pillart), la 12° batterie des mobiles du Nord (capitaine Franchomme), sortaient par la porte Saint-Martin et se portaient en avant par l'avenue.

La compagnie du capitaine de Commines se déploya à gauche, et se porta, les hommes en tirailleurs, vers le bâtiment de la gare des marchandises. La compagnie du capitaine Pillart fut divisée en deux : une demi-compagnie fut déployée en tirailleurs à droite, dans l'espace compris entre l'avenue, en avant de Saint-Lazare, et le faubourg de Crise, route de Fère-en-Tardenois; l'autre demi-compagnie, appuyée par les mobiles du Nord, s'avança directement sur l'avenue.

Nos jeunes soldats marchaient crânement au feu, sans s'inquiéter d'abord de quelques coups de fusils tirés sur eux par les sentinelles allemandes et les postes avancés placés dans les maisons, derrière les murs crénelés, et notamment derrière les énormes tas de briques, dépôt d'une briqueterie située sur la gauche de l'avenue.

Les Allemands, qui occupaient les bâtiments bombardés, les avaient abandonnés momentanément et s'étaient portés derrière ces tas de briques et le talus du chemin de fer, entre la gare et le route de Fère-en-Tardenois ; la tranchée qu'ils avaient creusée et qui reliait la route de Reims à la gare derrière la voie, fut vivement occupée par des forces sérieuses.

Pressentant une attaque de l'infanterie après la canonnade, l'ennemi avait fait venir au pas de course toutes les troupes cantonnées à Orcamp, à Sainte-Geneviève et à Beleu.

Nos soldats furent bientôt arrêtés par une grêle de balles, les tirailleurs se couchent à terre, la demi-compagnie du 15ᵉ de ligne et les mobiles du Nord, parvenus jusqu'à la briqueterie, se jettent derrière les tas de briques et les quelques murs de jardins avoisinants, ils ripostent de leur mieux, mais les Prussiens sont presqu'invisibles et tirent sans relâche; la fusillade était tellement nourrie qu'on aurait dit un roulement de tambours. Les troupes placées sur les remparts, au bastion 3, voyant des Prussiens se défiler dans l'espace compris entre Orcamp et la gare, se mêlèrent à l'action en envoyant de nombreuses balles sur ce point ainsi que sur la ligne du chemin de fer, derrière laquelle de nombreux tirailleurs ennemis étaient postés, ceux-ci ne tardèrent pas à diriger leur feu sur les remparts, leurs balles s'enfonçaient dans les talus avec un bruit mat ou passaient en sifflant par-dessus la tête des hommes; pourtant l'une d'elles atteignit au front et étendit mort un malheureux vieillard, pensionnaire de l'Hôpital, qui était resté dans la cour pour entendre la fusillade. Le canon de la place tirait de temps en temps sur la gare, mêlant sa grosse voix au crépitement des fusils.

Au bout de deux heures de combat, nos troupes, voyant l'impossibilité de déloger l'ennemi, battaient en retraite et rentraient dans la ville, cette sortie nous avait coûté 4 morts et 8 blessés, dont un garde national, nommé Leriche, ancien chapelier, qui prenait part à toutes les sorties. Le malheureux Leriche mourut quelques jours après des suites de sa blessure.

Pendant l'action, une pauvre femme, qui voulant arracher aux flammes quelques parcelles de son mobilier, s'avançait, inconsciente du danger, dans le faubourg Saint-Crépin, une balle prussienne l'atteignant en pleine poitrine, la tua sur le coup. Ses deux petits enfants, que la guerre venait de faire orphelins, furent ramenés en ville par un mobile, qui les conduisit au bureau de police.

Après la rentrée des troupes, une ambulance sortit pour ramasser les blessés restés sur le terrain, elle fut saisie par les Prussiens, qui chargèrent un des ambulanciers de porter au commandant de place une lettre dans laquelle le colonel ennemi se plaignait de ce que les Français avaient tiré sur ses propres ambulances. Une enquête sérieuse démontra que les plaintes du colonel allemand n'étaient pas fondées, les ambulances ennemies étant d'ailleurs installées hors de portée de canon.

Ci-après l'ordre du jour de la Place relatif à cette affaire :

« Ordre de la Place

» Dans la journée du 28 Septembre, la gar-
» nison a tenté d'occuper le faubourg de Reims
» et la gare, M. Pillart, capitaine au 15ᵉ de

» ligne, avec 100 hommes de ce régiment, s'est
» porté d'abord sur le pâté de maisons dit
» Saint-Lazare, et a essayé de gagner la gare
» en envoyant sur le flanc droit M. le lieutenant
» Duhamel, du recrutement de la Meuse, et à
» gauche M. le lieutenant Rhodes, du 15ᵉ de
» ligne. La gare était très fortement occupée
» par l'ennemi. Assailli par un feu très vif, le
» 15ᵉ eut 3 hommes tués et 6 blessés.

» La 5ᵉ compagnie du 2ᵉ bataillon de la garde
» mobile, sous le commandement du capitaine
» de Commines, vint appuyer le mouvement du
» 15ᵉ, mais les Prussiens invisibles et en grand
» nombre, parfaitement cachés, ne purent être
» délogés ; les troupes revinrent à la place à
» cinq heures et demie du soir.

» Outre les officiers cités plus haut, se sont
» signalés : les sergents Marchat, Condore,
» Hécré, du 15ᵉ de ligne; Marachini, du recru-
» tement da la Marne, et le fusilier Foy, du 15ᵉ.

» Pendant ce temps, 150 hommes du 2ᵉ ba-
» taillon, sous le commandement du capitaine
» Roussel, sont entrés dans le faubourg de
» Reims, ont débusqué l'ennemi qui s'enfuit
» jusqu'au passage à niveau et à l'usine San-
» terre, et s'y sont maintenus jusqu'à la retraite
» du 15ᵉ de ligne.

» Leur mouvement fut rendu très difficile
» parceque l'incendie des maisons du faubourg
» fut mis trop tôt par les volontaires de la

» garde nationale. Cette opération a été très
» bien conduite par M. le capitaine Roussel,
» ayant sous ses ordres MM. Deflandre, capi-
» taine, les lieutenants de Chauvenet, Maudoy,
» et Wolff.

» Se sont signalés parmi les sous-officiers :
» Blanchard, sergent-major à la 2ᵉ compagnie,
» Hubert et Moreau, sergents à la même compa-
» gnie. Parmi les caporaux : Jumaucourt, caporal
» à la 2ᵉ compagnie ; Picart, caporal de la 7ᵉ
» compagnie ; Legorju, de la 1ʳᵉ. Parmi les mo-
» biles : Bourgeois, Dubois, Foyer, Paris,
» Ledroux, Pestel, de la 1ʳᵉ compagnie ; Dalmas,
» Garet, Nollet, Férin, Housset, Aubry, de la
» 2ᵉ compagnie.

» Le sieur Leriche, garde nationale, qui s'est
» joint volontairement au 15ᵉ de ligne, a été
» grièvement blessé.

» Soissons, le 30 Septembre 1870.

» *Le Commandant de Place,*

» Signé : DE NOUE. »

Le 29 Septembre, la place tira de temps à autre des coups de canon sur les points occupés par l'ennemi. L'incendie du faubourg Saint-Crépin continuant, les habitants de ce faubourg envoyaient une délégation à l'Hôtel de Ville pour se plaindre à la commission municipale de ce qu'ils n'avaient pas été prévenus assez tôt pour pouvoir enlever leur mobilier.

La commission municipale, se faisant l'interprète de ces malheureux, écrivit au colonel de Noue une lettre dans laquelle elle le priait, si de nouvelles destructions sont décidées, de vouloir bien en informer les propriétaires des immeubles de manière que ceux-ci puissent aux moins sauver et emporter tous les objets qui s'y trouveraient ; ce serait, disait la lettre, diminuer dans la mesure du possible les sacrifices qu'imposait la défense de la place.

Le lieutenant-colonel de Noue répondit qu'il était dans la nécessité de faire disparaître les obstacles dangereux par tous les moyens possibles, et il invitait ceux des habitants des faubourgs qui n'avaient pas effectué leur déménagement à le faire sans retard et ne pas attendre que l'ennemi ait pris possession de leurs habitations

L'incendie d'une partie de Saint-Médard, avait été discutée au Conseil de Défense, en raison de la proximité de ce point avec le faubourg Saint-Waast ; mais une démarche personnelle de l'évêque de Soissons près du commandant de place, sauva le magnifique institut des sourds-muets et le reste du village, où deux compagnies de mobiles avec un canon furent installées.

Dans la nuit du 29 au 30, une compagnie de mobiles sortait de la place, escortant un peloton de sapeurs du génie qui allait faire sauter de nouveau le pont de Missy, que les Prussiens avaient réparé. Cette opération réussit parfaitement et obligea les Allemands à reconstruire le pont qu'ils venaient à peine de terminer.

Comme la veille, des coups de canon sont encore tirés sur divers points occupés par l'ennemi.

Des prisonniers, échappés de Sedan, continuent à entrer à Soissons. Cependant, on sentait que le cercle d'investissement se resserrait, peu de nouvelles du dehors parvenaient dans la place, mais l'imagination y suppléait ; comme depuis le commencement de la guerre, les bruits de prétendues victoires des Français circulaient en ville.

On racontait, par exemple, que 100,000 Prussiens, en passant sur des emplacements de carrières, près du Mont-Valérien, à Paris, avaient sauté par l'effet de mines établies dans ces carrières. On disait aussi que le général Vinoy, dans une sortie, avait mis 30,000 ennemis hors de combat, fait autant de prisonniers et pris 20 pièces de canon aux Prussiens. Un autre jour, on parlait d'une sortie vigoureuse de l'armée de Paris, qui aurait repris Versailles, dont les Allemands s'étaient emparés depuis huit jours ; que le prince royal de Prusse et tout son état-major avaient été faits prisonniers, et que 140 pièces de canon étaient restées entre les mains des Français. Ces bruits étaient, naturellement, très diversement accueillis, avec défiance par les uns, avec confiance par les autres ; ils laissaient chez les premiers, ceux qui, avec raison, faisaient la part de l'exagération, l'incrédulité et l'indifférence ; et provoquaient chez les derniers une sorte d'enthousiasme qui faisait, hélas ! vite place à la déception.

Le 1ᵉʳ Octobre, arriva devant Soissons le général de Selchow avec tout son état-major et le gros de ses troupes. C'est à ce général que les Allemands confièrent la direction du siège.

Les forces dont disposait le général de Selchow se composaient, y compris le détachement d'avant-garde commandé par le lieutenant-colonel de Stülpnagel, de 7 bataillons d'infanterie, 4 escadrons de cavalerie, 2 batteries d'artillerie de campagne et 2 compagnies de pionniers.

Le général prussien établit son quartier général à la ferme de la Carrière-l'Evêque, située en arrière de Beleu et sur la hauteur, il étendit aussitôt et renforça la ligne d'investissement sur la rive gauche de l'Aisne, rapprochait autant que possible les avant-postes des fortifications ; la ferme de la Maison-Rouge fut occupée, ainsi que le cimetière, barrant ainsi la route de Compiègne par où on avait pu sortir jusqu'alors. Une compagnie de mobiles, envoyée sur ce point, surprit les Prussiens, qui s'enfuirent précipitamment, laissant leurs sacs, leurs manteaux et leurs armes, dont les mobiles s'emparèrent.

La place put évacuer sur Compiègne un convoi de blessés et de convalescents; cette évacuation avait été décidée en raison de la petite vérole, qui s'était déclarée depuis quelques jours dans les hôpitaux avec tous les caractères d'une épidémie.

Des habitants de Fère-en-Tardenois parvinrent encore à entrer dans Soissons en passant par Bucy-le-Long et Crouy, ils venaient demander au commandant de place un sauf-conduit pour le conducteur d'une voiture contenant la poste prussienne, dont quelques francs-tireurs, sur la route de Fismes à Fère, au lieu dit le Champ-Robin, s'étaient emparés en tuant les quatre soldats qui l'escortaient.

On signalait, de temps en temps, des exploits de francs-tireurs analogues à ce dernier, mais ces petits faits isolés, bien qu'ils inquiétassent un peu l'ennemi en lui mettant, par-ci par-là, quelques hommes hors de combat, ne pouvaient avoir grande influence sur la marche des événements ; ils n'avaient souvent d'autres effets que d'attirer, dans les communes sur le territoire desquelles ils se passaient, les représailles terribles des Allemands ; et si l'un des francs-tireurs venait à tomber entre leurs mains, il était impitoyablement fusillé.

Le nommé Laly, garde particulier de M. Lesguillier, maire de Fère-en-Tardenois, qui avait pris part à l'affaire du Champ-Robin, fut arrêté, conduit à Reims et fusillé par les Prussiens, sa maison fut brûlée. M. Lesguillier avait aussi été arrêté et retenu prisonnier à la Mairie de Fère, pendant que les Prussiens, mettaient sa maison au pillage et brisaient tous ses meubles ; il put cependant s'échapper en passant par une porte dérobée et gagner la forêt.

La nouvelle de la capitulation de Strasbourg arriva ce même jour, 1er Octobre, à Soissons, et y causa une bien pénible impression. La malheureuse place de Strasbourg, ayant subi un bombardement de quarante-deux jours, ne s'était rendue qu'après l'épuisement à peu près complet de ses munitions et de ses ressources.

Le 2 Octobre, le général de Selchow étendait sa ligne d'investissement sur la rive droite de l'Aisne, deux compagnies de landwehr et un escadron de cuirassiers blancs, ayant passé la rivière, vinrent s'établir : l'infanterie à Crouy, à Clémencin, derrière le remblai du chemin de fer de Laon et jusque sur les dépendances du Pressoir-Chevalier. La cavalerie s'établissait à la ferme de la Perrière, pour surveiller les routes de Laon et de Chauny. La route de Laon se trouvait ainsi barrée, mais celle de Chauny, resta encore à peu près libre, l'effectif des troupes d'investissement étant trop faible pour la couvrir complètement.

Les cuirassiers blancs, se rendant à la ferme de la Perrière, passèrent derrière Saint-Médard, d'où un poste de mobiles leur envoya quelques coups de fusil ; plusieurs coups de canons furent aussi tirés du faubourg Saint-Waast sur cette colonne, qui se composait d'environ 100 cavaliers, lesquels disparurent bientôt derrière Saint-Paul.

Le blocus était donc à peu près complet, il devenait désormais très difficile de sortir de la place, dont le canon tonne de temps à autre, inquiétant constamment l'ennemi sur les points où on le suppose.

Le 3 Octobre, un individu inconnu se présente et demande à parler au commandant de place; cet individu, introduit près du colonel de Noue, lui annonce que, le 5, 30,000 Allemands seront autour de Soissons. Le Conseil de Défense accueillit cette nouvelle comme une manœuvre de l'état-major prussien ayant pour but d'intimider la défense, et n'y attacha aucune importance.

Presque en même temps, un exprès venait informer secrètement le colonel, qu'un convoi de vivres très considérable se dirigeait sur Soissons par la route de Chauny, et qu'il stationnerait dans l'après-midi devant la fabrique de sucre de Terny.

Pour assurer l'entrée de ce convoi, le lieutenant-colonel Carpentier partit avec 6 compagnies de mobiles et 3 compagnies du 15ᵉ de ligne commandées par le capitaine Ballet. Ces troupes, formant un effectif d'environ 1,200 hommes, sortirent par la porte de Laon; les mobiles se dirigèrent sur la route de Chauny, le 15ᵉ de ligne s'avançant sur Crouy, deux compagnies déployées à droite et à gauche de la route, la troisième un peu en arrière et sur la route même.

Les Prussiens, postés derrière le talus du chemin de fer, entre Saint-Paul et Saint-Médard, ouvrirent bientôt le feu sur nos troupes. Celles-ci ripostèrent tout en continuant d'avancer, puis la compagnie de droite, vigoureusement enlevée par son commandant, s'élança vers le talus qu'elle atteignit vivement, les hommes sautèrent sur la voie qu'ils franchirent aussitôt. Devant cette charge impétueuse, les Allemands fuient en désordre dans la direction de Crouy, serrés de très près par nos fantassins, qui pénétrèrent presqu'en même temps qu'eux dans le village et ne leur laissèrent pas le temps de s'y installer.

Les Allemands traversèrent Crouy et battirent en retraite jusqu'à Vrigny, quelques-uns s'étaient cachés dans les greniers et dans les caves, mais ils furent découverts et fait prisonniers; un officier se trouvait parmi eux. On a rapporté que le propriétaire d'une cave, dans laquelle se trouvaient six Prussiens, refusait, dominé par la crainte d'une représaille, de les livrer aux Français; nos soldats durent employer la force pour l'obliger à ouvrir sa cave.

Dans leur précipitation à s'enfuir, les Allemands laissèrent derrière le talus du chemin de fer, une partie de leur équipement et trois tonneaux de vin qu'ils avaient volés à un vigneron de Crouy et qu'ils n'avaient pas eu le temps de boire.

Pendant ce temps, la 6ᵉ compagnie de mobiles gravissaient la côte de Vauxrot sans rencontrer de résistance ; le lieutenant-colonel Carpentier détacha une compagnie qui se porta rapidement au-devant du convoi ; des pelotons de cavalerie se montrèrent bien sur les hauteurs voisines, mais se tinrent à distance et n'osèrent attaquer nos mobiles ; deux heures après, les 18 voitures du convoi entraient dans la place.

Cette affaire nous coûta 1 tué et 3 blessés. Le soldat tué était un tout jeune homme, presque un enfant, qui avait obtenu le matin même une dispense de service ; mais il avait voulu quand même marcher et combattre avec ses camarades.

Les trois compagnies du 15ᵉ de ligne, bien conduites par leur commandant, le capitaine Ballet, furent admirables d'entrain.

Les pertes des Prussiens furent de 6 hommes disparus, 9 blessés, dont 3 grièvement, mais ils ne comptèrent pas l'officier capturé à Crouy.

Le lendemain, l'ennemi réoccupait Crouy, et reprenait ses positions en face Saint-Médard, derrière le talus du chemin de fer. Une compagnie, que le colonel de Selchow avait détachée de Venizel pour venir au secours des troupes de Crouy, mais qui, ayant été obligée de faire un détour (la route étant couverte par l'inondation), n'avait pu arriver à temps ; elle renforça de ce côté de l'Aisne, le cordon d'investissement ; la ferme de la Perrière fut crénelée et barricadée.

Le village de Crouy, qui devait être détruit et ses habitants maltraités à la suite de l'affaire de la veille, fut néanmoins épargné ; l'ennemi ayant pensé que ce village pourrait par la suite lui être utile comme gite d'étape.

Ci-après l'ordre du jour de la place sur cette affaire du 3 :

« Ordre de la Place

» Pour assurer l'entrée des approvisionnements
» de la place, M. le colonel Carpentier est sorti
» avec 6 compagnies prises dans les deux batail-
» lons de la garde mobile, et s'est porté sur les
» hauteurs de Vauxrot. Après avoir fait éclairer
» la position et s'être fortement installé, il dirigea
» sur Terny une compagnie qui amena le convoi
» dans la place. Pour assurer le mouvement et
» dégager la route de Laon, M. le capitaine
» Ballet est sorti avec 3 compagnies du 15e de
» ligne. M. le lieutenant Ferté, de la 1re compagnie,
» s'est porté sur la ferme de Saint-Paul ; M. le
» lieutenant Garnier, avec la 2e compagnie, sur la
» ferme de Clamecy ; M. le capitaine Félon, du
» recrutement de l'Aisne, avec la 3e compagnie,
» appuyait ce mouvement offensif, qui eut lieu
» avec un ensemble remarquable. L'ennemi,
» débusqué par un feu très vif, s'est retiré en
» désordre sur le village de Crouy, poursuivi
» par une vingtaine de tirailleurs qui firent
» 6 prisonniers, dont 1 blessé.

» Nos soldats occupèrent alors les crêtes du
» remblai du chemin de fer jusqu'à l'arrivée de
» ceux-ci en ville. Cette opération fait honneur au
» 15ᵉ de ligne, à son chef, le capitaine Ballet, et
» aux officiers, au nombre desquels il faut citer
» MM. Ferté, Garnier et Dutocq. Se sont distin-
» gués : le sergent-major Félon, les sergents
» Durand, Basile, du recrutement, et Guirin, du
» 15ᵉ de ligne ; les caporaux Madrenne, Bleuze et
» Robin ; les soldats Foy, Dubois, Perret, Perrot
» et Mignard.

» Nos pertes sont de 1 tué et 3 blessés.

» Soissons, le 3 octobre 1870.

» *Le Commandant de Place,*

» Signé : De Noue. »

La nuit suivante, l'artillerie de la place tire sur les positions où l'ennemi peut établir des batteries ou des travaux de fortification.

Dans la matinée du 4, on remarque, sur la route de Fère-en-Tardenois, des talus coupant la route. Les Prussiens, autant pour barrer cette route que pour la traverser avec sécurité, puisqu'elle était à découvert, avaient construit des tranchées pendant la nuit ; la ligne du chemin de fer, entre le pont et la gare, est elle-même fortifiée d'un revêtement en terre d'une cinquante de mètres de longueur. Un guérite d'aiguilleur, placée à cet endroit, sert d'abri au factionnaire en même temps que de poste d'observation. Un obus, tiré par une des pièces en position à la courtine 3-4, traverse cette guérite de part en part et la démolit.

A midi, les honneurs funèbres militaires sont rendus au malheureux Leriche, mort des suites de ses blessures; cette cérémonie impressionna vivement la population soissonnaise, des discours patriotiques furent prononcés sur la tombe; les assistants, très émus, se retirèrent en manifestant leur admiration pour ce héros obscur qui avait payé de sa vie son amour du devoir, son dévouement au pays.

Le canon de la place tonne de temps en temps, envoyant, comme les jours précédents, des projectiles sur les points où l'on remarque des mouvements de troupes ennemies.

Le colonel de Noue informé secrètement que les Prussiens n'occupent plus Vailly résolut de détruire le pont de cette ville.

Quatre volontaires de la place et un ancien zouave, nommé Guilbaut, se chargèrent de cette mission. Déguisés en campagnards, ils sortirent de Soissons avec une voiture chargée de fumier sous lequel était dissimulée une forte provision de poudre, ils arrivèrent sans encombre à Vailly; après avoir montré au garde et au maire l'ordre du commandant de place dont ils étaient munis, ils firent sauter l'une des arches du pont et jetèrent le tablier dans l'Aisne.

La destruction du pont de Vailly eut des conséquences bien désagréables pour les autorités et les habitants de la ville, car le lendemain arrivait un bataillon d'infanterie allemande pour passer la rivière. Le commandant de ce bataillon fut stupéfait en voyant le pont détruit, il dut rebrousser chemin en faisant forces menaces qui ne tardèrent pas, du reste, à être mises à exécution.

Dans la nuit du 6 au 7, un détachement d'une quarantaine de cavaliers entrait dans Vailly sous les ordres du même officier, qui, le pistolet au poing procéda à la double arrestation du maire, M. Mennessier, et du conseiller général du canton, M. Legry. Ces messieurs étaient accusés d'avoir fait sauter le pont : « *Acte criminel prévu et puni* « *par le 4° paragraphe de l'Ordonnance royale du* « *21 Juillet 1867 et par le rescrit du paragraphe* « *18 du Code pénal militaire* », prussien, bien entendu.

Malgré leurs protestations, et malgré la note du commandant de place de Soissons, portant le timbre de la place, que Guilbaut avait laissé au maire, M. Mennessier et M. Legry furent contraints de monter en voiture et partirent sans savoir où ils allaient, sous la garde de plusieurs cavaliers dont l'un, dans la crainte sans doute que les prisonniers veuillent s'échapper, tenait en laisse par la bride, le cheval qui traînait la voiture.

C'est à la Carrière-l'Evêque, où, comme il a été dit plus haut, le général de Selchow avait établi son quartier général, qu'ils furent conduits. Arrivés à la pointe du jour, ils durent attendre, debout dans une mansarde et transis de froid, le réveil du général qui les fit comparaître devant une sorte de conseil de guerre installé dans la grande salle à manger. M. Mennessier qui avait en poche, très heureusement, l'ordre du lieutenant-colonel de Noue, pensait qu'une simple explication et l'exibition de ce document suffiraient pour établir la non-participation des autorités et des habitants de Vailly à la destruction du pont; l'ordre, dont voici le texte, ne laissait du reste aucun doute :

« Par ordre du commandant supérieur, le pont
» de Vailly doit être détruit. Le gardien du pont,
» sous peine de trahison, devra laisser exécuter
» l'ordre, s'il en prévient l'ennemi, il sera traduit
» en conseil de guerre et fusillé.
» Soissons, le 4 Octobre 1870.
                        » Signé : De Noue. »

Le général de Selchow prit connaissance de ce document, mais n'en tint aucun compte et rendit le jugement suivant :

« La ville de Vailly paiera 20,000 francs à
» titre d'amende, pour l'acte d'hostilité commis
» sur son territoire ; un des deux prisonniers
» va se rendre à Vailly chercher la somme,
» l'autre restera jusqu'à son retour, qui devra
» avoir lieu aujourd'hui même. »

MM. Mennessier et Legry, protestèrent contre cet arrêt, invoquant que la destruction du pont

était un acte de guerre régulier, commis sur l'ordre d'un commandant militaire français, et que la somme de 20,000 francs serait impossible à trouver ce jour même à Vailly. Le général prussien fut inflexible ; il répliqua durement aux prisonniers que : « S'il leur est
» difficile de trouver l'argent, il se chargerait
» d'aller le lendemain le chercher chez les habi-
» tants. »

Il fallut céder devant la force; M. Mennessier resta en otage à la ferme pendant que M. Legry, muni d'un sauf-conduit, retournait en toute hâte à Vailly, où l'anxiété était grande et où on croyait les deux malheureux fusillés. M. Legry, aussitôt arrivé, convoqua le conseil municipal qui fit appel à la générosité des habitants ; 15,000 francs furent recueillis. Pensant que cette somme pourrait satisfaire le général prussien, M. Legry reprit le chemin de la Carrière-l'Evêque accompagné de M. de Wimpfen, propriétaire à Rouge-Maison et qui était, au moment de la déclaration de la guerre, secrétaire d'ambassade à Berlin.

M. de Wimpfen plaida chaleureusement la cause de la ville de Vailly, et obtint du général allemand que l'indemnité ne serait que de 14,500 francs. Il fallut, paraît-il, plus de *deux heures* pour compter cette somme ; les Prussiens refusaient toutes les pièces qui leur paraissaient suspectes, notamment les pièces allemandes.

Une quittance en règle fut délivrée à MM. Legry et de Wimpfen après l'encaissement des espèces, et ces Messieurs, ainsi que M. Mennessier, rentrèrent à Vailly, où ils reçurent de la population des témoignages de sympathie qui les consolèrent des mauvais moments qu'ils venaient de passer.

Le 5 Octobre, l'autorité militaire entreprend de transformer en canonnière blindée un petit bateau à vapeur, pour essayer de remonter le cours de l'Aisne jusqu'à Venizel, afin de détruire le pont que les Allemands y avaient construit; pour cela, il fallait amener le bateau au-delà du barrage, le remettre à flots dans les fossés des fortifications, près de la porte de Laon, l'armer de pièces de 4, et enfin pouvoir le piloter au milieu du lit de l'Aisne, devenu invisible depuis le débordement de cette rivière, toutes ces difficultés firent renoncer à l'entreprise, reconnue irréalisable.

Le 6, une trentaine de mobiles du Nord venant renforcer les trois batteries, parviennent à entrer dans la place par la route de Chauny, que l'assiégeant garde encore imparfaitement.

Vers midi, la 2ᵉ compagnie du 2ᵉ bataillon (capitaine Roussel), ayant à sa tête le commandant d'Auvigny, sortait de Soissons pour protéger la rentrée en ville d'un convoi de 200 bœufs destinés à l'approvisionnement. Pendant que le troupeau entrait en ville, sous bonne escorte, le reste de la compagnie se portait en avant, au-delà de Cuffies, pour protéger un convoi de poudre venant de La Fère.

Arrivés au sommet de la côte, nos mobiles aperçurent une vingtaine de cuirassiers blancs qui se dirigeaient vers eux ; se dissimulant dans un chemin creux, ils prirent position et attendirent les cavaliers allemands qui s'avançaient sans soupçonner leur présence ; malheureusement, le feu fut commandé un peu trop tôt, pourtant un des cavaliers fut tué, un autre blessé, les Prussiens tournèrent bride et disparurent. Le capitaine Roussel craignant de se voir attaqué par des forces supérieures, vint occuper avec ses hommes la ferme du Mont-de-Cuffies, et envoya son lieutenant demander des secours à la place.

Le bruit se répandit bientôt en ville que nos soldats étaient cernés, l'anxiété fut grande. La générale battait en ville, un bataillon de mobiles partait aussitôt, et plusieurs compagnies du 15ᵉ étaient sous les armes attendant les ordres ; la foule se portait en nombre vers la caserne pour assister au départ du renfort, qui heureusement fut inutile.

Vers huit heures du soir, le bataillon de mobiles et la compagnie du capitaine Roussel rentraient sans avoir tiré un coup de fusil ; mais l'alarme avait été vive, l'officier, arrivant au galop de son cheval et disant que la compagnie était entourée par de grandes forces prussiennes, avait jeté l'émoi.

Le commandant d'Auvigny ne rentra pas dans la place ; chargé, paraît-il, d'une mission particulière par le Conseil de Défense, il devait se rendre à La Fère et à Saint-Quentin pour conclure un marché de chaussures et de chemises, et demander l'envoi du convoi de poudre et de munitions, qui était réclamé depuis plusieurs jours, mais en vain, par le commandant d'artillerie. Ce convoi pénétra en ville quelques heures plus tard, échappant à la vigilance des Allemands, grâce à d'habiles et courageux volontaires; il se composait de 85 tonneaux chargés sur plusieurs camions.

7 *Octobre*. — Le courrier de Compiègne a pu encore pénétrer en ville, après avoir traversé, en se glissant, et après des efforts inouïs, les lignes prussiennes ; le canon de la place continue à tonner, la détonation se répercutant d'échos en échos dans la vallée de l'Aisne, semblable au roulement du tonnerre, allait en diminuant jusqu'au-delà de Vailly, Braisne, et même jusqu'à Fismes.

On apprend que cinq pièces de canon de campagne sont à la ferme de la Perrière, l'ennemi voulant fermer ce côté de la place d'une façon plus complète, et empêcher la communication avec le nord. Des remparts du faubourg Saint-Waast, on apercevait des travailleurs sur les bâtiments de cette ferme de la Perrière; ces travailleurs établissaient, en même temps qu'un observatoire, un télégraphe optique pouvant communiquer, en raison de l'admirable position de ce point, avec les autres points dominant la place de tous côtés, notamment Sainte-Geneviève.

Les Allemands, très pratiques, avaient requis des habitants du village avoisinant la Perrière et leur faisaient battre le blé et l'avoine, provenant de la moisson de cette ferme, pour nourrir leurs chevaux.

La situation à Soissons devenait de plus en plus difficile, la place ne possédait pas suffisamment d'effets d'habillement et de petit équipement pour habiller les mobiles, les effets de linge et chaussures manquaient complètement. En vain, le colonel de Noue fit appel à la population pour se procurer les choses les plus indispensables; il fallut faire des achats, et l'argent pour assurer la solde de la garnison allait faire défaut. Le sous-préfet, M. d'Artigues, se rendit à Saint-Quentin, pour obtenir du trésorier-payeur général la somme de 250,000 francs nécessaire. Le résultat de sa démarche fut nul, il revint sans argent. Le lendemain, il quittait discrètement Soissons laissant sur son bureau une lettre à l'adresse de M. Emile de Violaine, conseiller d'arrondissement. Cette lettre était ainsi conçu :

« Une circonstance tout à fait imprévue m'oblige
» à partir immédiatement. Je viens vous prier de
» vouloir bien me remplacer provisoirement par
» délégation dans les fonctions du sous-préfet.
» J'informe M. le Préfet de cette délégation. »

Cette retraite discrète et prudente de M. d'Artigue différait singulièrement de sa prise de possession de la sous-préfecture de Soissons.

M. de Violaine, très absobé par ses fonctions de maire de Cuffies et par ses propres occupations à la verrerie de Vauxrot, dont il était propriétaire, ne put accepter; la sous-préfecture resta vacante jusqu'à la capitulation de la place.

Pour avoir de l'argent, une nouvelle démarche fut tentée immédiatement ; le conservateur des hypothèques et le capitaine Hugues, du 2ᵉ bataillon de mobiles, partirent pour Saint-Quentin, munis de deux lettres, l'une du commandant de place, l'autre des membres de la commission municipale, dont voici la teneur :

« 7 Octobre. Nous venons de voir M. le Sous-
» Préfet à son retour de Saint-Quentin et nous
» apprenons de lui, avec chagrin, qu'il n'a pu
» rapporter les 250,000 francs qu'il demandait et
» qui sont nécessaires ici pour le mois courant.
» M. le Commandant de Place doit vous écrire
» pour vous exposer combien il est indispensable
» et urgent que cette somme parvienne dans le
» plus bref délai. Nous croyons devoir nous
» joindre à lui et insister nous-mêmes près de
» vous pour l'envoi immédiat des fonds qui vous
» sont demandés. Leur défaut ne manquerait pas
» de désorganiser tous les services et peut
» compromettre le plus gravement la défense de
» notre ville. Nos concitoyens sont résignés à tous
» les sacrifices, mais, pour que ces sacrifices
» soient efficaces, il faut que les troupes et ceux
» qui demeurent avec elle dans la résistance à

» l'ennemi soient soutenus; il faut que les dépenses
» journalières qu'exige cette résistance soient
» payées. Nous vous conjurons donc de faire
» donner la plus grande satisfaction à la demande
» de M. le Commandant de Place et de rendre
» ainsi possible la défense de Soissons, à laquelle
» le Gouvernement attache bien certainement de
» l'importance. »

Les envoyés arrivèrent à Saint-Quentin au moment même où tous les citoyens, en armes, s'apprêtaient à repousser la première attaque des Prussiens ; c'est sur la barricade même qu'ils trouvèrent M. Anatole de la Forge, avec lequel ils ne purent échanger que quelques mots; ils apprirent que le trésorier-payeur général avait gagné le Nord en enlevant ses fonds. Cette deuxième démarche ne fut donc pas plus heureuse que la première.

Le Conseil de Défense décida que le lieutenant-colonel Carpentier se rendrait immédiatement à Lille (siège de la 3ᵉ division militaire dont la place de Soissons faisait partie), et solliciterait du général Espivent l'envoi d'un renfort de troupes, de vêtements, et remise de la somme de 250,000 francs, que le préfet de l'Aisne n'avait pu fournir à la place. Le lieutenant-colonel Carpentier, accompagné du lieutenant Mauroy, partait dans la soirée du 8. Il fut l'un des derniers qui purent sortir, car, quelques heures plus tard, les Allemands, ayant eu connaissance de ces allées et venues, bloquaient rigoureusement la place.

8 Octobre. — Des postes de Prussiens sont établis sur toutes les routes et font feu sur toutes les personnes qui cherchent à pénétrer dans Soissons; sur la route de Compiègne, entre Pasly et Pommiers, des paysans furent blessés en essayant de franchir les lignes.

On croit voir, sur les hauteurs qui dominent Crouy, des terrassements qui paraissent ceux d'une batterie, plusieurs coups de canon furent tirés de ce point, mais les projectiles tombèrent dans la plaine Saint-Médard.

Un habitant de Vauxbuin, qui a pu entrer à Soissons, rapporte qu'un obus tombé sur le Mont-Marion, à l'emplacement même qu'occupaient les batteries russes en 1814, a atteint, en éclatant, 4 Prussiens, dont 2 officiers, l'un tué sur le coup, l'autre grièvement blessé.

Dans la soirée, un détachement composé de mobiles, de soldats du 15ᵉ de ligne et de volontaires, environ 150 hommes, sortait pour surprendre l'ennemi à Mercin, se porter de là, après avoir fait appel au patriotisme des habitants, sur Vauxbuin et essayer de s'emparer du colonel allemand et des officiers qui se trouvaient dans ce village.

Ce plan était très hardi, mais il ne pouvait réussir en raison du trop faible effectif du détachement. Arrivés au pied de la montagne de Presle, nos hommes tombent sur une sentinelle avancée, s'en emparent et la menacent de mort si elle jette un cri. Sans hésiter l'Allemand pousse le cri d'alarme, un coup de baïonnette l'étend sur le sol.

Un poste allemand était établi à quelques pas de là, derrière la ferme ; l'officier commandant étant sorti, fut aussitôt entouré, menacé d'être tué s'il proférait un mot ; soit qu'il ne comprit pas, ou soit qu'il ne voulut pas, même en payant de sa vie, laisser surprendre ses hommes, l'officier, jeta un commandement, le poste fit feu sur le détachement qui, surpris et décontenancé, laissa échapper son prisonnier et battit précipitamment en retraite, ramenant 2 hommes blessés, dont l'un, le garde volontaire Juvigny, atteint mortellement d'une balle dans l'aine.

Le 9, à quatre heures du matin, 400 hommes du 15e de ligne sortaient par la porte de Laon, escortant les 53 prisonniers allemands faits dans les différentes sorties, et que le Conseil de Défense avait décidé de faire conduire dans le Nord afin de les éloigner des troupes allemandes. Le détachement du 15e devait les remettre, à Chauny, entre les mains de deux compagnies du 43e de ligne venant exprès d'Amiens.

Arrivés sur les hauteurs de Cuffies, les quatre cavaliers qui éclairaient la marche de la colonne à quelques centaines de mètres en avant, aperçurent un groupe de cavaliers ennemis postés derrière un petit bois ; nos cavaliers rebroussèrent chemin, et vinrent prévenir le commandant du détachement qui prit ses dispositions de combat. Les Prussiens furent bientôt en fuite, mais en les poursuivant nos soldats se trouvèrent tout à coup en face d'une ligne de tirailleurs ennemis qui ouvrit sur eux un feu des plus nourris. Craignant d'être attaqué par des forces supérieures, le commandant du détachement ordonna la retraite, la colonne rentra à Soissons ayant eu un caporal tué, un sergent et deux hommes blessés.

Les Prussiens avaient, dit-on, une trentaine d'hommes hors de combat.

Le but de la sortie était manqué, on réintégra les prisonniers au Petit-Séminaire, où ils restèrent jusqu'à l'entrée des Prussiens à Soissons.

Dans la journée, les Allemands, au nombre de 600, occupaient la verrerie de Vauxrot et les dépendances; ils tiraient encore des hauteurs de Crouy, quelques coups de canons dont les projectiles n'arrivèrent heureusement pas à destination.

Le cercle ennemi se resserrait de plus en plus autour de la place ; il n'était presque plus possible, pour ne pas dire impossible, de communiquer avec le dehors, quelques courageux citoyens y parvenaient cependant encore, mais en courant les plus grands dangers.

Le général de Selchow, ayant reçu la veille le complément de ses troupes dont l'effectif en infanterie s'élevait à 6,000 hommes, s'était empressé de fermer complètement la route du Nord. Le corps de blocus était réparti de la manière suivante :

Sur la rive gauche de l'Aisne, de Venizel à la Crise, 3 bataillons et 1 batterie légère à Bellevue et à Sainte-Geneviève, sous les ordres du lieutenant-colonel de Stülpnagel, à Billy.

De la rive gauche de la Crise jusqu'à l'Aisne, 3 bataillons et 2 escadrons, sous les ordres du colonel de Krohn, à Vauxbuin.

Sur la rive droite de l'Aisne, 1 bataillon, 1 escadron et 1 batterie, major de Müller, à la Perrière.

Une forte barricade, construite par les Allemands, coupait la route de Chauny, en prévision d'une sortie de l'assiégé vers le Nord.

La ligne des avant-postes de la rive gauche partait du pont du chemin de fer près de Villeneuve, longeait le chemin de fer par la tranchée déjà creusée jusqu'à la gare, puis derrière et près le faubourg de Crise, passait ensuite par le moulin de la Buerie, les fermes de Presle, de Maupas et la Maison-Rouge, sur la route de Compiègne.

Dans l'après-midi du 8, quelques soldats du génie avaient passé l'Aisne, en amont de Pommiers, à l'aide d'un radeau ils amenèrent une dizaine d'hommes et un officier qui s'installèrent à la ferme du château de Rochemont, un détachement armé protégeait cette installation provisoire en attendant que les pionniers prussiens du capitaine Lilie arrivent avec un équipage de pont, lequel ne put être mis en place à cet endroit en raison de son insuffisance. Ce ne fut qu'un peu plus tard que les Allemands, trouvant un meilleur emplacement, y jetèrent un pont qui assura leur passage d'une rive à l'autre de l'Aisne.

Le convoi de voitures transportant ce pont avait été aperçu des fortifications au moment où il passait derrière le moulin de Chevreux, sur la route de Beleu à Vauxbuin ; les pièces en position à la courtine 3/4 lui envoyèrent quelques coups de canon qui eurent pour effet d'accélérer sa marche.

L'artillerie de la place, toujours sur le qui-vive, ne laissait échapper aucune occasion d'inquiéter l'ennemi.

« Les communications avec les avant-postes,
» disait le major allemand Gartner, dans son
» rapport sur les opérations du siège de Soissons,
» ne sont à peu près possibles que sur le couvert de
» l'obscurité, attendu que l'apparition de quelques
» hommes suffit pour provoquer de la part de
» l'assiégé une canonnade violente. »

Nos artilleurs étaient infatigables, sous l'habile et énergique direction du commandant Roques, ils s'exerçaient à la manœuvre, se fortifiaient, couvraient leurs pièces de travaux en terre, épaulements, traverses, etc. Les sacs à terre, les gabions, les fascines, confectionnés et réunis formaient autour de chaque canon, une petite forteresse. Toujours sur leurs gardes ils étaient à leur poste dès que l'ennemi était signalé. Le nombre des projectiles lancés par l'artillerie de la place pendant les opérations de l'investissement s'éleva à près de 1,200.

Malheureusement, après la tentative du matin l'infanterie resta inactive, elle était du reste privée de ses meilleurs chefs. Un ancien capitaine avait succédé au commandant Denis dans le commandement du bataillon du 15ᵉ de ligne, pressenti plusieurs fois par le colonel de Noue, sur la possibilité de faire des sorties, ce capitaine s'efforçait d'en démontrer l'inefficacité en disant qu'il ne pouvait compter sur dix hommes par compagnie. Le chef de bataillon de Fitz-James était malade ; force fut donc d'abandonner le projet de sortie et de limiter le concours de l'infanterie au service sur les remparts. Le 15ᵉ de ligne occupait le front Sud et Sud-Ouest, une compagnie entière y était la garde et fournissait les sentinelles sur ce front ; les mobiles faisaient le service sur les autres fronts, les compagnies étaient relevées toutes les vingt-quatre heures.

Le génie a rasé toutes les constructions qui se trouvaient dans la zone militaire ; les arbres étaient abattus, la contre-escarpe garnie de chevaux de frise, des tranchées creusées en prévision d'une attaque.

Le 10 Octobre, à midi, les honneurs funèbres militaires furent rendus au malheureux Juvigny, mort des suites de sa blessure reçue à l'affaire du poste de Presle ; l'état-major de la place, les officiers de la garnison et de la garde nationale accompagnèrent à sa dernière demeure cette autre victime du devoir, qui fut enterrée dans le jardin de l'Hôpital, où depuis quelques jours se faisaient les inhumations. Le cimetière de la ville, situé sur la route de Compiègne, très rapproché des postes prussiens, et de temps en temps occupé par eux, n'étant plus accessible sans dangers.

Dans la soirée, on apprenait qu'une compagnie de francs-tireurs était à cinq ou six kilomètres de Soissons, sur la route de Chauny, où elle échangeait quelques coups de feu avec les Prussiens. On apprenait aussi qu'un corps de cavalerie allemande, voulant entrer dans Saint-Quentin, était repoussé par les Saint-Quentinois, ayant à leur tête le préfet de l'Aisne, M. Anatole de la Forge, qui infligèrent à l'ennemi des pertes sérieuses. Une partie des troupes de cavalerie, coopérant au blocus de la place de Soissons, fut appelée pour renforcer celles qui venaient d'être repoussées à Saint-Quentin, et qui subirent un deuxième échec quelques jours plus tard.

Sur les hauteurs de Sainte-Geneviève et sur le Mont-Marion, des travaux en terre se dessinaient, on commençait à voir, des fortifications de la place, la nature de ces travaux. L'ennemi construisait les batteries destinées à recevoir les canons de siège qu'il allait mettre en position sur ces points. Afin de dissimuler les travailleurs, il avait, sur le Mont-Sainte-Geneviève, élevé une forte haie de branchages, laquelle masquait tout l'emplacement ; cette précaution de l'assiégeant fut inutile, car de nombreux projectiles, lancés par l'artillerie de la place, durent gêner sérieusement les troupes occupées à la construction de ces batteries.

Les malheureux Leriche et Juvigny ne devaient pas être les seuls à payer de leur vie leur patriotisme et leur amour du devoir. Au moment où l'on rendait les derniers devoirs à Juvigny, un drame terrible se déroulait presque aux portes de la place, drame qui rendit, dans la contrée, le nom du colonel prussien de Krohn bien tristement célèbre.

La nouvelle de l'arrivée des Prussiens à Pommiers avait été vite connue à Pasly, dont le maire M. Deschamps accourut à Soissons en informer le lieutenant-colonel de Noue ; celui-ci lui conseilla d'organiser la résistance, mais d'attendre, pour commencer l'attaque, l'arrivée d'un renfort qu'il promettait d'envoyer.

Les gardes nationaux de Pasly et de Vaurezis furent convoqués. Un certain nombre d'entre eux et quelques volontaires se réunirent le soir au lieudit la Croix-Blanche ; de là, sous le commandement de l'instituteur de Pasly, Jules Desbordeaux, ils se dirigèrent sur Pommiers, gagnèrent les maisons proches de la rivière et ouvrirent le feu, en tiraillant quelque peu au hasard, dans la direction des Prussiens qui travaillaient à la construction du pont. Ces derniers, au lieu de répondre à la fusillade, s'abritèrent prudemment derrière les murs et dans les caves et en attendirent la fin, ils reprirent leur travail après le départ des gardes nationaux.

Cette expédition n'eut d'autre résultat que d'attirer sur les deux communes de Pasly et de Pommiers des représailles terribles.

Le lendemain matin, les Prussiens occupèrent militairement Pommiers, se firent livrer les armes de guerre et les fusils de chasse, arrêtèrent le maire, M. Vauvillé; l'instituteur, M. Henry; le curé, M. Mulet, et plusieurs autres habitants, les gardèrent à vue, leur défendant expressément de communiquer entre eux. Le maire et l'instituteur furent frappés et menacés de mort.

Pasly était envahi en même temps par un détachement de 100 hommes ayant à sa tête un colonel. Le maire et l'instituteur furent arrêtés devant la maison d'école. Le colonel souffletait l'instituteur Desbordeaux en lui demandant la liste des gardes nationaux de la commune, et pendant que ce dernier escorté par deux Prussiens, le revolver au poing, va la chercher, il déclare au maire que le village sera pillé et incendié si l'on y découvre des fusils.

M. Deschamps s'efforça d'adoucir le brutal colonel en lui expliquant que la garde nationale était une institution régulière, et qu'il allait livrer les fusils, ajoutant que rien dans l'attitude paisible des habitants de Pasly ne motivait les menaces qui venaient de lui être faites. Les fusils furent remis aux Prussiens dans l'après-midi, opération pendant laquelle le malheureux Desbordeaux fut encore frappé et malmené.

Le lendemain, trois des otages de Pommiers, effrayés par les menaces d'un officiers prussien, qui s'écriait qu'on allait fusiller tous les otages, si les auteurs de l'attaque de la veille n'étaient découverts, dénoncèrent les habitants de Pasly et de Vaurezis; le nommé Joseph Leclerc, maçon, déclara que huit ou dix hommes de ces deux communes avaient chargé leurs fusils dans sa cour, il nomma Courcy; Jean Bertin désigna Planchard; enfin un troisième, un jeune homme de dix-neuf ans, Arthur Arnould, donna le nom de l'instituteur Desbordeaux, ajoutant que celui-ci s'était vanté d'avoir tiré quatre coups de fusil.

Les Allemands accouraient à Pasly s'emparaient de Desbordeaux et de Courcy qui n'avaient pu s'enfuir, et après une confrontation avec leurs lâches dénonciateurs, qui renouvelèrent leurs accusations, les deux braves citoyens payaient de leur vie l'acte de patriotisme, peut-être un peut irréfléchi, qu'ils avaient accompli la veille, Planchard plus heureux, avait pu s'enfuir et échapper au sort de ses deux camarades.

L'exécution eut lieu sur la montagne, entre Pasly et Cuffies, sous les yeux de deux paysans qui travaillaient non loin de là. Les deux malheureux, attachés, priaient, suppliaient qu'on leur donne des juges, qu'on les entende ; ils demandaient grâce au nom de leurs familles ; leurs prières, leurs supplications, ne leur attirèrent que des brutalités et des coups ; on leur banda les yeux et un feu de peloton fut tiré sur eux, Courcy fut tué sur le coup ; mais le pauvre Desbordeaux, manqué deux fois, se releva deux fois en poussant des cris épouvantables ; enfin l'officier prussien l'acheva en lui tirant un coup de revolver dans l'oreille. Les deux cadavres restèrent sur le terrain sans sépulture, les Allemands étant descendus immédiatement dans Cuffies leur triste besogne terminée.

(Un monument, produit d'une souscription publique, marque aujourd'hui l'endroit même où Desbordeaux et Courcy tombèrent.)

M. Deschamps, qui avait été retenu comme otage, était, pendant ce temps, emmené à Pommiers, puis à Mercin et enfin ramené à Pasly, où il assista, toujours sous la garde des baïonnettes prussiennes, au pillage de sa commune et aux perquisitions des Allemands pour découvrir des gardes nationaux ; mais, à l'exception de quelques vieillards, il ne restait aucun homme valide à Pasly, tous étaient partis, jugeant prudent, et avec raison, de quitter le pays pour ne pas tomber entre les mains de l'ennemi.

L'officier contraignit ensuite M. Deschamps à le conduire à Vaurezis, dont les habitants avaient aussi été dénoncés. La ferme du Mont-de-Pasly, qui se trouvait sur la route, fut pillée et saccagée, et trois des habitants de cette ferme furent arrêtés.

Arrivés à Vaurezis, les Prussiens recommencèrent les perquisitions et le pillage. Un jeune homme, Charles Odot, fut massacré sous les yeux de sa femme, en la défendant contre les soldats allemands qui essayaient de lui prendre une cinquantaine de francs, tout l'argent qu'elle possédait. Les otages, gardés à vue au milieu de la nuit froide et en plein air, entendirent les cris du malheureux Odot et les coups de feu tirés à bout portant qui l'étendaient mort aux pieds de la pauvre jeune femme.

L'instituteur Poulette avait détruit la veille la liste des gardes nationaux de la commune, mais le garde champêtre, nommé Poittevin, en avait une copie ; pour satisfaire la rancune qu'il nourrissait contre quelques habitants du village, il la livre lâchement à l'officier prussien et dénonce Létoffé et Desquirez comme ayant pris part à l'expédition de Pommiers; Desquirez, qui cherchait à fuir, fut arrêté et conduit sur l'ordre même de Poittevin devant l'officier allemand qui, l'appelant par son nom, lui dit : « Vous verrez si les Prussiens savent tirer. »

Les armes furent saisies, les gardes nationaux arrêtés et, sur cinq charrettes réquisitionnées, ils furent conduits, avec l'instituteur Poulette, Létoffé et Desquirez, à Vauxbuin, où se trouvaient déjà les otages de Pommiers.

Le colonel de Krohn institua, pour la forme, un conseil de guerre dont il prit la présidence et devant lequel il fit comparaitre Poulette, Létoffé et Desquirez, qui furent condamnés à être fusillés.

Pendant la séance du conseil de guerre, le colonel de Krohn, avait fait enfermer dans une salle voisine, le curé de Pommiers et le maire de Pasly, il avait donné l'ordre de faire coucher sur la grande pelouse du parc, encore toute imbibée par la pluie tombée la nuit précédente, tous les autres otages, à plat-ventre, le visage sur les bras croisés et les jambes allongées, un soldat prussien placé derrière chacun d'eux, leur assénait, au moindre mouvement, soit un coup de pied, soit un coup de crosse de fusil. Le supplice de ces malheureux, imaginé avec un raffinement inouï, qu'on ne devrait pas trouver chez un peuple civilisé, dura cinq heures ; il ne devait pas être le dernier, car ils durent assister à l'exécution des trois condamnés à mort, dans des circonstances qui ajoutèrent encore à leurs angoisses.

Le colonel de Krohn, une fois l'arrêt prononcé, ordonna au curé de Pommiers de remplir près de ceux qui allaient mourir, les devoirs de son ministère ; le digne prêtre protesta, demandant au colonel prussien de surseoir à l'exécution, ce dernier fut inflexible : « Allez, dit-il rudement,
» il y aura encore des condamnés, et vous serez
» chargé de les confesser, quant à ceux-ci, je
» vous donne cinq minutes pour les trois. »

Les otages furent amenés près des fosses creusées à l'avance, qui devaient recevoir les corps des fusillés. Les Prussiens les firent mettre à genoux en cercle autour de ces trois fosses, et ils assistèrent dans cette position, à l'exécution de leurs malheureux compagnons.

Ceux-ci, conduits par un peloton de Prussiens, arrivèrent sur le lieu d'exécution, ils reçurent les exhortations de l'abbé Mulet qui, une fois encore, essaya de fléchir le farouche colonel : « Non ! s'éria » celui-ci, justice sera faite ! » et il donna le signal. Poulette, Létoffé et Desquirez furent fusillés successivement.

Les otages, qui venaient de les voir tomber sous les balles prussiennes, furent contraints de les enterrer eux-mêmes, et forcés par les bourreaux de piétiner la terre qui recouvraient les cadavres, après quoi ils furent enfermés, surveillés étroitement, en proie aux angoisses et aux privations de toutes sortes jusqu'au moment de la capitulation de Soissons, qui mit fin à leur captivité.

Il a paru nécessaire d'insister sur les détails de ces deux exécutions pour bien faire ressortir le caractère brutal de l'Allemand qui les ordonna Les lois de la guerre sont souvent terribles, elles ont, pour certains, des conséquences bien tristes et bien malheureuses ; des erreurs bien regrettables sont souvent commises, causant de très grands malheurs ; des quantités de gens inoffensifs paient de leur existence des actes commis par d'autres ; les pays par où le fléau passe s'en souviennent pendant des siècles, et les détails si minimes qu'ils soient sont transmis de génération en génération, laissant chez les vaincus la haine pour le vainqueur, une haine profonde qui ne s'éteint jamais, surtout quand ce dernier a marqué, comme le colonel de Krohn, son passage par une cruauté brutale et sauvage.

Insulter, outrager, frapper, fusiller des gens désarmés et sans défense, sous prétexte d'inspirer la crainte, est pis que de la barbarie ; c'est de la lâcheté !

Que les enfants du vaincu se souviennent ! Si un jour la fortune, dans un de ces revirements qui sont familiers à son caprice, ramène la victoire dans les plis du drapeau français, qu'ils se souviennent ! mais qu'ils se gardent bien de commettre de ces actes honteux qui font du vainqueur un bourreau, qui l'abaissent, qui le déshonorent !

Le colonel de Krohn ne se contenta pas, pendant cette malheureuse guerre, des massacres de Vauxbuin ; il semblait qu'il avait pour tâche de faire revivre la fameuse légende de Brennus : « Malheur aux vaincus ! » Quelques jours plus tard, le 27 Octobre, à Vaux, il faisait encore fusiller trois Français qu'il avait, par une machiavélique combinaison, fait désigner par leurs propres compatriotes arrêtés comme eux par les Prussiens.

Après la guerre, les lâches dénonciateurs rendirent compte, devant les tribunaux français, de leur infâme délation et, en 1872, la justice saisie des faits qui précèdent, les envoya, après une minutieuse enquête, devant un conseil de guerre. L'ancien garde champêtre de Vaurezis, Poittevin, et Arthur Arnould furent condamnés à mort ; Joseph Leclerc à dix ans de travaux forcés, et Jean Bertin à cinq ans de la même peine. Poittevin fut exécuté, mais Arnould, en raison de son jeune âge sans doute, eut sa peine commuée et fut déporté à la Nouvelle-Calédonie.

Le Conseil général de l'Aisne, pour perpétuer le souvenir des instituteurs Desbordeaux et Poulette, ainsi que celui d'un autre instituteur, Jules Leroy, de Vendière, également fusillé par les Prussiens le 22 Janvier 1871, érigea solennellement le 20 Août 1872, dans la cour de l'Ecole normale de Laon, une plaque commémorative rappelant les circonstances dans lesquelles ces trois modestes patriotes avaient payé de leur existence leur dévouement au Pays ; et la ville de Soissons, le 25 Octobre 1899, inaugurait un monument élevé à la mémoire de ces victimes de la guerre, fusillées presqu'à ses portes, pour avoir rempli leurs devoirs envers leur Patrie.

11 Octobre. — Des travailleurs du génie occupés à couper des arbres sur les glacis, en face le château Saint-Crépin, furent assaillis par des coups de fusil tirés de Vauxrot, ils ripostèrent ; la fusillade dura environ une heure, sans perte de note côté.

Une compagnie de mobiles fut détachée de la la place pour occuper le château de Saint-Crépin.

Un habitant de Pasly qui a pu, en se glissant à travers les avant-postes prussiens, arriver jusqu'à Soissons, y apporta les détails sur les massacres de Pommiers et de Vauxbuin ; ces détails furent vite connus de toute la population et excitèrent l'indignation générale.

Des sentinelles ennemies tirèrent ce jour-là sur des ouvriers et en blessèrent deux grièvement. Un vieillard d'une soixantaine d'années, qui cassait des pierres sur la route de Chauny, reçut une balle dans l'aine ; l'autre, qui arrachait des pommes de terre, fut atteint au côté.

Les terrassements de Sainte-Geneviève se dessinent plus parfaitement, ainsi que ceux du Mont-Marion ; les canons de la place envoient de temps en temps des projectiles sur ce point, le poste d'observation installé au sommet de la tour de la Cathédrale y signalant un mouvement assez considérable ; il n'y avait plus à douter, les Prussiens construisaient les batteries pour le bombardement de Soissons.

Le colonel de Noue prescrivait les dispositions du dernier moment, il rappelait aux différents corps de troupes les points qu'ils avaient à occuper sur les remparts ; de la porte Saint-Martin à la porte de Paris, les postes d'infanterie et le cordon de sentinelles avaient été doublés en prévision d'une attaque de vive force ; il était rappelé aux habitants qu'ils eussent à tenir, dans les étages supérieurs de leurs habitations, des récipients toujours remplis d'eau, pour pouvoir éteindre vivement les incendies qu'allumeraient les projectiles ennemis. Une grande activité régnait en ville et sur les remparts ; on pressentait des événements graves.

Dans l'après-midi, quelques hommes de la 1re batterie du 8e, sous la conduite du maréchal-des-logis Pothier, étaient sortis avec une prolonge pour chercher des matériaux dans les restes encore fumants du faubourg de Reims, ils échangèrent quelques coups de feu avec le poste prussien établi au passage à niveau du chemin de fer. Un Prussien fut tué par Pothier, un deuxième par un canonnier, un des hommes du détachement reçut une balle prussienne dans la jambe, néanmoins nos artilleurs purent charger leur voiture et rentrer dans la place sans autre perte.

Dans la nuit, en raison des renseignements fournis par l'observatoire de la Cathédrale, une quarantaine de coups de canon furent tirés sur Sainte-Geneviève et le Mont-Marion ; mais cette canonnade n'empêcha pas les Prussiens de terminer leurs batteries et d'y installer leurs canons avec leurs approvisionnements.

III

Sommaire : Bombardement. — Les forces allemandes. — L'artillerie. — Transport du matériel. — Emplacement et construction des batteries prussiennes. — Les premiers obus allemands. — La riposte des canons français. — Premiers incendies. — Le maréchal-des-logis d'artillerie Olannier. — L'artificier Reimbold. — Belle défense de l'artillerie assiégée. — Effets d'un obus allemand. — Les incendies. — Nombreux affûts brisés. — Réflexions de l'assiégeant. — Le parlementaire prussien. — La 1re batterie du 8e d'artillerie. — Les mobiles du Nord. — Les sapeurs du génie. — Les sapeurs-pompiers. — L'Hôpital général. — Nombreux dégâts. — Le maréchal-des-logis d'artillerie Herbert. — Inquiétudes et démarches de la population. — La Commission municipale. — La brèche. — Le Conseil de Défense. — La capitulation. — La sortie des troupes de la garnison. — L'entrée des Prussiens à Soissons. — Le bois Saint-Jean. — Château-Thierry. — Le Conseil d'enquête sur les capitulations. — Le déclassement de Soissons comme place forte.

Le 12 Octobre, à six heures précises du matin, les Allemands, après les trois hourrah traditionnels en l'honneur du roi de Prusse, ouvraient le feu, en même temps de Sainte-Geneviève, du chemin de fer sur la route de Fère-en-Tardenois, et du Mont-Marion ; le duel d'artillerie commençait.

L'artillerie allemande se composait de :

PERSONNEL

4 compagnies d'artillerie de forteresse à effectif normal, c'est-à-dire 120 hommes de troupes par compagnie, soit...............	480
et 2 batteries de campagne de réserve à 160 hommes par batterie, soit........................	320
Total........	800 hommes.

MATÉRIEL

10 canons de 15 $^c/_m$ longs en acier ;
16 canons de 12 $^c/_m$ en bronze ;
6 canons de 9 $^c/_m$, ⎫ appartenant aux batteries
6 canons de 8 $^c/_m$, ⎭ de campagne ;
2 mortiers de 27 $^c/_m$, ⎫
4 mortiers de 22 $^c/_m$, ⎬ pris à Toul ou à Marsal ;
4 mortiers de 15 $^c/_m$, ⎭

48 pièces.

Les canons de siège étaient approvisionnés à 470 coups environ par pièce, les obus avaient été emplombés en Allemagne et envoyés, pour la plupart, tout chargés du parc de Toul, le bombardement de cette place, n'ayant donné lieu qu'à une faible dépense de munitions ; les canons de campagne n'avaient que leur approvisionnement ordinaire.

La confection des fascinages prenant toujours un temps considérable, pour hâter les préparatifs, les Allemands firent venir de Toul les gabions et les saucissons qui n'y avaient pas été employés, ainsi que les bois de plates-formes ; ils faisaient venir de Châlons, 200 gabions, 100 saucissons, 500 pelles, 100 pioches et 100 masses provenant des magasins français.

Pour se procurer les moyens de transport qui leur étaient indispensables, les Allemands réunirent 90 voitures de paysans avec autant de conducteurs et 150 chevaux. Les propriétaires des voitures durent, en les livrant, fournir plusieurs jours des vivres pour les conducteurs et les attelages, et ils devaient renouveler ces approvisionnements à des époques déterminées ; ils furent avertis que hommes et chevaux seraient retenus au parc jusqu'à ce qu'il en fut présenté d'autres pour les remplacer. Tous les transports, sauf ceux auxquels on utilisa les attelages de l'artillerie de campagne, furent exécutés au moyen de chariots ainsi réquisitionnés.

Le matériel ne put, sans de grandes difficultés, être amené de Toul à Soissons ; la ligne ferrée n'étant praticable que jusqu'à Reims ; en outre, les Français ayant fait sauter le pont de la Marne à Saint-Martin-sur-Pré, au nord de Châlons ; le tablier provisoire posé sur la portion subsistante des piles se trouvait à 1 mètre 30 au-dessous du niveau de la voie; les wagons arrivant de Toul étaient descendus sur le pont à l'aide de chevaux ou à forces de bras, et remontés par les mêmes moyens, pour être ensuite remorqués par une locomotive venue de Reims. A la gare de cette ville, stationnaient les voitures réunies par la cavalerie allemande (350 voitures et 1,000 chevaux environ). Aussitôt chargées, les voitures prenaient la direction de Soissons, mais ce nombre de voitures et de chevaux était encore insuffisant ; les Allemands durent réquisitionner sur un territoire de plus de 450 kilomètres carrés pour parfaire le nombre de 800 voitures et les attelages nécessaires, la Champagne n'offrant que de médiocres ressources en chevaux.

Le major prussien Gartner était chargé par le colonel d'artillerie Bartsch, qui avait dirigé les opérations du bombardement de Toul, de l'organisation, de l'expédition et de la surveillance des convois transportant tout le matériel.

Le premier convoi avait quitté Toul le 2 Octobre, il arrivait à Reims par trois trains qui se suivaient à courte distance ; le matériel fut chargé sur les 350 voitures qui attendaient à la gare, lesquelles mirent une heure et demie à sortir de Reims, pour continuer la marche sur Soissons, sous la garde d'une compagnie d'infanterie et d'un détachement de grosse cavalerie.

Malgré la large route qui permettait à deux voitures de marcher de front, ce convoi n'avait pas moins de quatre kilomètres de long.

« Qu'on songe, écrivait le major Gartner dans
» son ouvrage sur les opérations du siège de
» Soissons, au désordre et au retard qu'il aurait
» éprouvés, si seulement quelques francs-tireurs
» avaient tiré des bois dans le milieu du train et
» tué un ou deux chevaux, et si cette attaque
» avait été renouvelée sur plusieurs points, nous
» ne serions peut-être jamais arrivés à bouger de
» place. »

Durant le trajet, des chevaux, sans doute privés de nourriture depuis longtemps, refusèrent le service ; une pièce de canon, probablement par l'adresse du conducteur, roula au bas d'un talus ; des voitures, trop chargées se brisèrent, et mises hors d'état, durent être déchargées et laissées sur la route ; un certain nombre de conducteurs, afin d'échapper aux brutalités des Allemands, abandonnèrent leur attelage et disparurent.

Ces braves gens, comprenant l'acte inique des Allemands qui les forçaient à s'associer à eux, à coopérer en somme à leur œuvre, à servir d'instrument, à donner de leur personne dans la guerre contre leur propre pays, préféraient tout abandonner, chevaux, voitures, tout ce qu'ils possédaient peut-être, pour éviter la honte d'être les complices de l'ennemi.

Le 6 Octobre, le grand parc d'artillerie formé au Sud de Courmelle et le parc auxiliaire de Venizel, reçurent un premier approvisionnement de canons et de munitions qui fut complété, le 8 et le 11, par deux autres convois. Ces deux derniers convois formant ensemble un effectif d'environ 400 voitures. En somme, il avait fallu aux Allemands environ 800 voitures et 2,000 chevaux pour transporter de Reims le matériel nécessaire pour le bombardement de Soissons. Le 11 Octobre, au soir, canons et munitions étaient arrivés aux emplacements qui leur étaient destinés.

Commencée à sept heures du soir, la construction des batteries fut terminée le 12 à deux heures du matin.

L'infanterie allemande avait fourni, pour les batteries de Sainte-Geneviève, 150 auxiliaires et 8 sous-officiers commandés par 2 officiers ; pour les batteries du Mont-Marion, 250 auxiliaires, 16 sous-officiers et 4 officiers, ce qui, avec les 480 hommes des compagnies d'artillerie, formait un total de 880 travailleurs, les batteries de campagne et la batterie de mortiers n'ayant nécessité qu'un travail peu considérable.

Les Allemands prétendent que, bien que la lune jeta un assez vif éclat, la place ne soupçonnait point l'exécution de travaux et qu'ils n'éprouvèrent aucune perte. C'est une erreur, car, depuis deux jours, les travaux de terrassement étaient visibles des fortifications mêmes, et à plus forte raison du poste d'observation de la tour de la Cathédrale, et, comme il a été dit plus haut, l'artillerie envoyait dans ces directions une quarantaine de coups de canon pendant la nuit du 11 au 12. Il n'y a rien d'étonnant à ce que le résultat du tir fut nul, étant donné la position désavantageuse des batteries de la place par rapport aux points à battre, et la demi-obscurité qui imposait un tir au jugé.

Le grand-duc de Mecklembourg, parti de Reims, était arrivé ce même jour, 11 Octobre, à Buzancy, à deux kilomètres de Septmonts, et y avait établi son quartier général.

Les Allemands avaient d'abord songé à ne faire qu'un simple bombardement, en négligeant de contre-battre l'artillerie de l'enceinte ; mais ils abandonnèrent ce parti pour les raisons suivantes :

Un gouverneur énergique ne se rendrait pas avant d'avoir soutenu un combat d'artillerie ; le bombardement aurait bientôt épuisé les faibles approvisionnements des assiégeants, qui se trouveraient alors dans une position fâcheuse, leurs munitions une fois consommées, si la place n'avait déjà capitulé ; le courage de la garnison ne pourrait que s'exalter si on la laissait tranquille sur les remparts ; il se soutiendrait bien moins au contraire, si les batteries de siège tiraient en même temps sur les remparts et sur la ville.

Pour ajouter à cet effet moral, et ayant d'ailleurs égard aux prescriptions édictées dans les réglements français relativement à la défense des places, on résolut de faire immédiatement brèche à l'enceinte.

A la suite de reconnaissances exécutées le 4, 5 et 6 Octobre, il fut décidé que les attaques seraient dirigées contre le front 3-4, qui pouvait être battu de face, de revers et d'infilade par des batteries établies, les unes sur les hauteurs de Sainte-Geneviève, au Sud-Est de la place, les autres sur le Mont-Marion, au Sud-Ouest. Ces deux contre-forts limitent la vallée de la Crise; le premier, situé à 2,300 mètres de l'enceinte, s'élève à 77 mètres au-dessus de la magistrale du bastion 3; et le second, distant de 1,350 mètres des ouvrages les plus voisins (l'ouvrage à cornes), s'élève à 90 mètres au-dessus de la magistrale du bastion 4. De leurs sommets, on aperçoit la ville entière et tout le terrain environnant; du Mont-Marion, on découvre presque entièrement l'escarpe de la courtine 3-4 et même une partie du fond du fossé. Les pièces en batterie sur cette dernière position ne pouvaient atteindre le revêtement que sous un angle de 45 degrés; mais l'exécution d'une brèche ne semblait pas néanmoins présenter de grandes difficultés, la muraille n'ayant pas de voûtes en décharges et la maçonnerie n'étant pas d'ailleurs d'excellente qualité.

Le front 3-4 ne possédait aucun ouvrage extérieur, pas même un ravelin, et il n'avait aucune protection à attendre des bastions voisins.

Le passage du fossé, si cette opération devenait nécessaire, s'effectuerait facilement, la contre-escarpe, en effet, n'était pas revêtue, que par une rangée de chevaux de frise placée en arrière de la banquette et à mi-hauteur, le feu des pièces flanquantes, bien qu'elles fussent convenablement abritées par des orillons, pourrait être éteint d'avance. Enfin, si la canonnade ne suffisait pas à amener la chute de la place, on procéderait, sans difficultés, à une attaque régulière qui serait aisément conduite jusqu'auprès des glacis, le terrain compris entre la Crise et la route de Paris n'étant pas susceptible d'être inondé.

Au point de vue stratégique, il était encore préférable d'attaquer la ville par le Sud plutôt que par le Nord, puisque dans la première hypothèse, les parcs et les dépôts seraient situés à proximité des lignes d'étapes importantes, les routes de Château-Thierry et de Reims.

Si, dans l'emplacement qui leur était assigné en raison de la situation du front d'attaque et de la disposition du terrain, les batteries étaient trop éloignées de la place pour exécuter un tir à démonter avec la précision nécessaire, elles ne semblaient pas moins devoir produire de grands effets, tous leurs coups étant dirigés sur un but unique, battu de divers côtés.

L'inondation de la Crise obligea les Allemands à faire deux attaques ; celle de l'Est, la plus éloignée, n'avait qu'une importance secondaire, elle devait surtout aider à battre le front 3-4 par des feux croisés. Le parc de siège fut également fractionné en deux parties ; la première, établie près de la route de Reims, à l'endroit où elle est coupée par le chemin de Venizel à Billy. La seconde, située au Sud du village de Courmelles, à 3,370 mètres seulement de l'enceinte, mais échappant complètement à la vue des défenseurs. On n'aurait pu, d'ailleurs, qu'au détriment de la facilité des transports, choisir en arrière une position plus favorable au point de vue de la sécurité.

Le dispositif des batteries allemandes était le suivant :

Attaque du Sud-Est ou attaque de droite :

Batterie n° 1, à droite de Sainte-Geneviève. — 6 canons de 9 $^c/_m$ destinés à battre le front 3-4, démonter l'artillerie du flanc gauche du bastion 4, tirer sur le poste d'observation placé sur la tour de la Cathédrale et pouvant battre aussi les batteries 1 et 2; distance au cavalier du bastion 3 : 2,230 mètres.

Batterie n° 2, à gauche de Sainte-Geneviève. — 4 canons de 15 $^c/_m$ longs, tirant sur les mêmes parties de la place que la précédente ; distance au cavalier du bastion 3 : 2,230 mètres.

Batterie n° 3. — Armée de 2 mortiers de 27 $^c/_m$ et 4 mortiers de 22 $^c/_m$, tirant sur les bastions 3 et 4 et sur les maisons de la ville ; la dite batterie placée derrière le remblai du chemin de fer, près de la route de Fère-en-Tardenois, et à 30 mètres de cette route du côté opposé à la gare, était à 1,200 mètres seulement de l'enceinte.

Attaque du Sud-Ouest ou attaque gauche :

Batterie n° 4, sur le Mont-Marion. — 4 canons de 15 %ₘ longs pour battre en brèche de plein fouet la courtine 3-4 ; distance à l'enceinte 1,650 mètres. (Cette batterie, placée sur le côté Est du Mont-Marion peut être prise d'écharpe, par le tir des pièces de la place en position aux bastions 7 et 8.)

Batterie n° 5, à gauche de la précédente. — 6 canons de 12 %ₘ destinés à battre et à démonter l'artillerie de la face droite du bastion 3, celle du cavalier 27, à miner les casemates des bastions 2 et 3, qu'elle peut prendre d'écharpe, et l'ouvrage à cornes ; distance au cavalier : 1,830 mètres, à l'ouvrage à cornes : 1,310 mètres.

Batterie n° 6, à environ 200 mètres de la batterie 5, à laquelle elle est reliée par une tranchée. — 6 canons de 12 %ₘ dont l'objectif était la face droite du bastion 4 et son cavalier.

Batterie n° 7, à l'Ouest de la batterie 6 et dissimulée par un bouquet d'arbres. — 4 pièces de 12 %ₘ prenant d'enfilade l'ouvrage à cornes, la face gauche du bastion 4 et la casemate du flanc droit du bastion 3 ; distance de l'ouvrage à cornes : 1,380 mètres, du bastion 4 : 1,520 mètres.

Batterie n° 8, formant la gauche de la position. — 6 canons de 8 %ₘ tirant sur l'ouvrage à cornes, les bastions 5 et 6 et contre les observateurs postés sur les tours de l'église ; distance de l'ouvrage à cornes : 1,390 mètres. Ces quatre dernières batteries, pouvaient battre en même temps que l'objectif qui leur était indiqué, les bastions 7 et 8.

Le corps d'armée allemand, devant Soissons se composait, le 12 Octobre, de :

9 bataillons d'infanterie, composés en grande partie de soldats de la landwehr à 800 hommes par bataillon, soit............	7,200
4 escadrons de grosse cavalerie à 125 hommes par escadron....	500
2 compagnies de pionniers à 300 hommes...................	600
Artillerie, suivant le tableau d'autre part...................	800
Services auxiliaires, environ....	400
Soit un effectif d'environ...	9,500 hommes.

Ainsi qu'il a été relaté plus haut, le grand-duc de Mecklembourg, arrivé le 11 Octobre à Buzancy, avec son état-major, avait pris le commandement en chef.

Le général-major de Selchow, commandant la 2ᵉ division de landwehr prussienne, avait la direc-tion des troupes d'infanterie et de cavalerie.

Le colonel d'artillerie Barstch avait la direction des opérations du bombardement, avec le lieutenant-colonel Wiebe comme adjoint.

Le colonel Braun, de l'état-major du génie du 13ᵉ corps allemand, avait la direction des opérations du génie.

Malgré le peu de ressources que lui offrait le matériel de l'arsenal, le commandant de l'artillerie de la place Roques-Salvaza avait très fortement et très intelligemment armé le front Sud et Sud-Ouest, jugé par lui, comme le point le plus vulnérable ; les fossés, en raison de leur situation au-dessus du niveau de l'Aisne, ne pouvant être inondés. Pensant avec juste raison que l'assiégeant attaquerait de Sainte-Geneviève et du Mont-Marion, il s'était appliqué à garnir et à fortifier le front d'attaque de ses meilleurs canons, sans toutefois négliger les autres points de l'enceinte :

Bastion n° 1 (Arquebuse), occupé par la compagnie d'artilleurs volontaires. — 1 pièce de 16 $^c/_m$ lisse, celle de gauche, destinée à battre la rive gauche de l'Aisne, la butte de Villeneuve et la route de Reims ; 1 pièce de 12 $^c/_m$ rayée de siège, celle de droite, battant la butte de Villeneuve, la route de Reims et la droite de la position de Sainte-Geneviève.

Bastion 2, porte Saint-Martin. — 1 canon de 4 $^c/_m$ de campagne, tirant sur la butte de Villeneuve, prenant d'enfilade la route de Reims et les environs et pouvant battre la gare et Sainte-Geneviève ; 2 canons de 12 $^c/_m$ ayant pour objectif la montagne de Sainte-Geneviève et tout le terrain compris entre ce point et l'enceinte.

Secteur entre les bastions 2 et 3. — 1 canon $4^c/_m$, objectifs : la gare la route de Fère-en-Tardenois et la montagne Sainte-Geneviève ; 1 mortier de $27^c/_m$ au pied et à gauche du cavalier 27, même objectif et le talus du chemin de fer.

Bastion 3. — 1 canon de $24^c/_m$ rayé de place, sur le cavalier 27, pouvant battre la butte de Villeneuve, prendre d'enfilade la route de Reims et la position de Sainte-Geneviève ; un autre canon de même type ; battant la position de Sainte-Geneviève et les hauteurs au-dessus de Beleu. 1 canon de $4^c/_m$ à droite, battant les mêmes points et la vallée de la Crise, et, dans la casemate du bastion 3, un autre canon de $4^c/_m$ placé à la craponnière, chargé à mitraille, pour battre le fossé de la courtine 3-4 en cas d'assaut par l'assiégeant.

Courtine 3-4. — 3 canons de $12^c/_m$ rayés, disposés pour le tir à barbette, pouvant battre tout le front d'attaque, c'est-à-dire la montagne Sainte-Geneviève, tout l'espace compris entre ce point et le Mont-Marion, le Mont-Marion et la montagne de Presle. 1 mortier de $32^c/_m$ ayant pour objectif le Mont-Marion et la montagne de Presle.

Bastion 4. — 2 pièces de $24^c/_m$ rayées de place, destinées à battre le Mont-Marion et la montagne de Presle. 1 canon de $12^c/_m$ ayant le même objectif ; 1 canon de $4^c/_m$ et 1 mortier de $32^c/_m$ à droite, dans la casemate prenant jour sur le fossé de la courtine 3-4. 1 canon de $4^c/_m$ placé à la craponnière et chargé à mitraille, destiné à balayer, comme celui de la casemate du bastion 3, le fond du fossé en cas d'assaut.

Les bastions 3 et 4, couvrant par rapport aux positions de Sainte-Geneviève et du Mont-Marion l'arsenal et le magasin à poudre, ainsi que la manutention militaire et les bureaux du génie installés dans les bâtiments au pied des magnifiques tours de Saint-Jean-des-Vignes.

Bastion 5, en face Saint-Jean-de-la-Croix. — 2 pièces de 12 $^c/_m$, 2 mortiers de 27 $^c/_m$, objectifs : Mont-Marion et montagne de Presle.

Ouvrage à cornes, 100 mètres en avant et entre les bastions 5 et 6. — 2 pièces de 16 $^c/_m$ lisses, 2 canons de 4 $^c/_m$ rayés de campagne, ayant mission de battre le Mont-Marion la montagne de Presle, le champ de manœuvre et tout le terrain compris entre la route de Paris et la route de Compiègne, jusqu'au pied des contre-forts de Presle et du Mont-Marion.

Le service des bastions 2, 3, 4, 5 et de l'ouvrage à cornes était confié à la 1re batterie *bis* du 8e d'artillerie, renforcée par des auxiliaires empruntés au 15e de ligne.

Bastion 6, près l'emplacement de l'ancienne poudrière. — 2 canons de 12 $^c/_m$, celui de gauche appuyant le bastion 5 et ayant le même objectif; celui de droite pouvant battre la route de Compiègne et la vallée de l'Aisne et tirer sur les monts de Pommiers et de Pasly.

Bastion 7, à la porte de Paris. — 1 canon de 24 $^c/_m$, prenant d'écharpe le point Est du Mont-Marion et battant toute la montagne de Presle; 1 canon de 4 $^c/_m$ prenant d'enfilade la route de Compiègne et toute la vallée de l'Aisne.

Bastion 8, à 200 mètres à droite du précédent. — 1 canon de 12 $^c/_m$ et 1 canon de 4 $^c/_m$, objectifs : monts de Pasly, Pommiers et Vauxrot ; 2 canons de 4 $^c/_m$, dans le secteur entre ce bastion et le bastion 9.

Bastion 9, sur le Mail, couvrant la poudrière n° 2. — 1 canon de 12 $^c/_m$, 1 canon de 4 $^c/_m$, 1 mortier de 27 $^c/_m$, objectifs : les monts de Cuffies et de Vauxrot.

Bastion 10, près de la rivière de l'Aisne, sur le Mail. — 1 canon de 12 $^c/_m$, 1 canon de 4 $^c/_m$, 1 mortier de 27 $^c/_m$; les deux canons prenant d'écharpe la route de Chauny, battant les hauteurs de Vauxrot de Crouy et prenant d'enfilade la route de Crouy.

Bastion 11, porte de Laon. — 1 canon de 12 $^c/_m$, 1 canon de 4 $^c/_m$; objectifs : hauteurs de Cuffies, Vauxrot et Crouy, balayant le terrain entre le faubourg Saint-Waast et le pied de ces hauteurs.

Bastion 12, couvrant l'usine à gaz et formant la pointe extrême de l'enceinte du faubourg Saint-Waast. — 1 canon de 24 $^c/_m$, 2 canons de 12 $^c/_m$, 1 mortier de 27 $^c/_m$; couvrant Saint-Médard, balayant la plaine entre l'enceinte et le chemin de fer de Laon et pouvant battre la hauteur de Crouy, la route de Bucy-le-Long et la route de Laon ; 2 canons de 4 $^c/_m$ étaient placés dans le secteur compris entre ce bastion et le bastion 13.

Bastion 13, à l'Est du bastion 14 et près de la rivière. — 3 canons de 16 $^c/_m$ lisses ; pouvant battre la rivière, tout le terrain compris entre Saint-Médard et cette rivière, le chemin de fer de Laon et la butte de Villeneuve.

Bastion 14, entre la passerelle et le pont de pierre sur l'Aisne. — 1 canon de 4 $^c/_m$, 1 canon de 16 $^c/_m$ lisse, défendant la passerelle et le pont de pierre ; 1 mortier de 22 $^c/_m$.

En raison de la portée insuffisante des canons lisses qui ne pouvaient être utilisés pour le tir à grande distance, le commandant Roques-Salvaza n'en put mettre en batterie que quelques-uns à des emplacements secondaires, notamment aux bastion 13 et 14 placés dans l'enceinte du faubourg Saint-Waast sur le bord de l'Aisne, ces canons ne furent du reste d'aucun usage.

Comme il a été indiqué plus loin, les trois batteries des mobiles du Nord étaient chargées du service des bastions 6, 7 et suivants, et du faubourg Saint-Waast.

En somme, le nombre des canons qui eurent à lutter contre les 48 canons se réduisait à 25 au plus et le nombre d'artilleurs qui les servaient s'élevait à peine à 200 y compris les auxiliaires d'infanterie, soit *un* contre *quatre* des 800 artilleurs allemands. La lutte était donc très inégale.

Les Allemands avaient pour eux les avantages du nombre de combattants, du nombre de canons, de la supériorité de leurs canons, se chargeant par la culasse, sur les canons français, se chargeant par la bouche, et surtout, l'avantage de la position des batteries assiégeantes par rapport à celles de la place. Les premières devant diminuer leur angle de tir pour atteindre un but placé en dessous du plan horizontal; les dernières étant obligées de l'augmenter pour atteindre un but placé très sensiblement au-dessus (77 et 90 mètres). Pour atteindre les sommets des monts de Sainte-Geneviève et du Mont-Marion, les artilleurs soissonnais furent obligés d'enlever les vis de pointage qui ne leur permettaient pas de pointer avec un angle suffisant, et de se servir de coins en bois ; l'écrou et la vis de pointage étant enlevés, la culasse du canon reposant sur la flèche, le pointeur avait quelques degrés de plus qui lui permettaient de pointer sur le but à atteindre.

Les premiers obus prussiens s'abattirent sur le front 3-4, le cavalier 27 et l'arsenal.

Les artilleurs du 8ᵉ, surpris à leur réveil par cette visite matinale et brutale, abandonnaient les tentes placées dans le retranchant du cavalier 27, où ils étaient en train de prendre le café, et se réfugiaient dans les casemates, ahuris, épouvantés. A la deuxième décharge des Allemands, un obus toucha la monture d'une de ces tentes, renversant, broyant tout sur son passage en éclatant, et mettant le feu aux paillasses qui servaient de lits aux artilleurs, c'est par un hasard providentiel qu'une dizaine d'hommes, sur les 24 qui se trouvaient là quelques minutes auparavant, n'aient pas été tués ou blessés.

Le commandant Roques-Salvaza, arrivé aussitôt sur les lieux, faisait sortir les hommes des casemates par quelques paroles énergiques, et les amenait à leurs pièces. Enlevés par leur chef et l'exemple du vieil artificier Reimbold, du 10º d'artillerie, qui, échappé de Sedan, s'était réfugié à Soissons et avait été incorporé à la 1ʳᵉ batterie du 8ᵉ, nos jeunes artilleurs se relevaient vite de ce moment de défaillance et se portaient à leurs postes, un quart d'heure plus tard tous les canons du front d'attaque ripostaient à l'artillerie allemande.

Le lieutenant-colonel de Noue s'était porté de sa personne au front 3-4, dès le commencement du feu, et il aidait le commandant Roques-Salvaza à pointer une des pièces de la courtine 3-4, cependant très découvertes.

Il faut s'empresser de dire que les jeunes soldats du 8ᵉ, qui voyaient le feu pour la première fois, répondirent vivement à l'appel qui leur était fait et tous, comprenant leurs devoirs et la portée de leur tâche, se comportèrent, se battirent si vaillamment qu'ils excitèrent l'admiration des Prussiens eux-mêmes.

La 1ʳᵉ batterie *bis* du 8ᵉ régiment se couvrit de gloire pendant les quatre jours du bombardement, elle a été héroïque et mérité de tenir la première place dans les annales de ce régiment.

Les officiers de la batterie, le lieutenant Josset, principalement, étaient à leurs postes au premier moment. Le lieutenant Josset, jeune et brave officier, donnant à tous l'exemple du courage et du sang-froid, allait d'une pièce à l'autre, encourageant, conseillant et dirigeant avec autant de calme que s'il se fut trouvé à la manœuvre, il sut inféoder chez ses hommes ce mépris du danger dont il était pénétré lui-même.

Les artilleurs volontaires de Soissons accoururent aussi à leurs postes et mirent en batterie, une demi-heure après l'ouverture du feu par les Prussiens, toutes les pièces, depuis le bastion 1 jusqu'au bastion 5, ainsi que celles des bastions 6 et 7, servies par les mobiles de la 12ᵉ batterie du Nord, vomissaient, envoyant sur les batteries prussiennes un ouragan de fer en réponse à celui que ces dernières jetaient sur la place.

Le tir, d'abord incertain, fut vite réglé et devint d'une précision remarquable, les projectiles français, quand ils n'atteignaient pas le but, l'approchaient de si près qu'ils inquiétaient considérablement l'ennemi. Le major prussien Gartner, dans son ouvrage sur le siège de Soissons, s'exprime ainsi :

« Le feu des Français était trop long, et une
» grande quantité de gros obus éclataient à cent

» pas derrière nous ; sans cela leur tir qui devenait
» de plus en plus précis, nous aurait causé encore
» *plus d'embarras*. Nous devions convenir alors,
» comme nous l'avons fait plus tard, que nous
» n'avions pas acquis de supériorité sur l'artillerie
» française. Gênés par le feu mieux nourri de
» l'ennemi, nous avons fait la faute de ne pas
» détruire assez complètement les embrasures et
» les canons avant de choisir d'autres points de
» tir. *Ce n'est que trop souvent que nous voyons,*
» *après un court délai*, reparaître des embrasures
» qui paraissaient complètement détruites. Il est
» vrai qu'en raison de l'éloignement, il était très
» difficile de se rendre compte du dommage
» causé. »

Toute cette matinée du 12 Octobre, une canonnade effroyable ébranlait le sol, les coups succédaient aux coups, les détonations aux détonations ; détonations au départ, détonations à l'arrivée. Le sifflement sinistre des obus se croisant dans leur course, secouant l'air et allant porter à leur chute la mort et la dévastation. La course relativement lente, mais majestueuse des bombes, accompagnée du frou-frou produit par la fusée, suivi d'une formidable détonation à l'arrivée ; les incendies allumés, les maisons détruites par les projectiles prussiens, formaient un spectacle épouvantable, terrifiant ! 73 pièces de canon tonnaient, pour ainsi dire en même temps, dans un espace restreint, servies avec acharnement de part et d'autre.

Les Allemands avaient pensé intimider les défenseurs de la place en tirant de toutes leurs pièces et à toute vitesse ; mais ils durent reconnaître qu'ils s'étaient trompés, l'intensité du feu de l'assiégé leur ayant démontré que l'effet produit était tout le contraire de celui qu'ils espéraient, plus leur feu était intense plus celui de la place était opiniâtre ; c'est qu'ils étaient magnifiques ces jeunes artilleurs du 8°, ces mobiles du Nord, ces volontaires, manœuvrant et tirant sans relâchede leurs 25 canons contre les 48 canons allemands, et luttant contre un ennemi quatre fois supérieur en nombre !

Mais si nos coups portèrent, ceux des Allemands portèrent aussi et nous causèrent des pertes cruelles, des dégâts considérables. Tout le front Sud de la place notamment les bastions 3 et 4 et la courtine 3-4, et toute la partie du quartier Saint-Martin, l'arsenal, les tours Saint-Jean, formant le principal objectif de l'assiégeant, furent criblés de projectiles, un des premiers tomba dans une chambre du bâtiment affecté au logement du commandant d'artillerie, broyant tout sur son passage et allumant un commencement d'incendie, qui fut presque aussitôt éteint par l'ordonnance du malgré la grêle d'obus.

Une bombe tombait quelques instants après sur un massif de fleurs placé dans la petite cour, entre les logements du commandant et celui du garde et les bureaux, éclatait et laissait à la place du massif un large trou. Le préau, la cour de l'arsenal, les bâtiments, la poudrière, heureument vide, reçurent de nombreux obus.

La Cathédrale, la grande caserne, la petite caserne, transformée en ambulance et sur laquelle était arboré le drapeau de la Convention de Genève, l'Hôpital, sont aussi le point de mire des artilleurs prussiens et atteints par un grand nombre de projectiles; vers huit heures, un obus parti de la batterie prussienne n° 1, à gauche de Sainte-Geneviève, tombait sur l'embrasure de la pièce de 24 $^c/_m$ placée sur la gauche du bastion 3-4, projetait, en éclatant, gabions et fascines de tous côtés et renversait les servants de cette pièce, qui s'apprêtaient à mettre en batterie, et dont, par bonheur, aucun ne fut atteint. Nos artilleurs se relevèrent, réparèrent, au plus vite et du mieux qu'ils purent, les dégâts causés et continuèrent le feu avec acharnement ; le tir de cette pièce, bien réglé, devait fort inquiéter les batteries de Sainte-Geneviève sur lesquelles elle tirait, presque tous ses coups, ainsi que ceux de sa voisine de droite pointée par Reimbold, touchaient le but.

Le bastion 1 (artilleurs volontaires), le bastion 2 commandé par le maréchal-des-logis Mina, de l'artillerie de marine et échappé de Sedan ; tiraient avec vigueur sur les mêmes positions et les couvraient d'obus.

Les trois pièces de la courtine 3-4 sous la direction du brave Moulin, envoyaient des bordées sur le Mont-Marion.

Le bastion 4 luttait avec le bastion 5 contre les batteries du Mont-Marion et de Presle ; le maréchal-des-logis Hubert et le brigadier François, bravement, commandaient et dirigeaient la manœuvre et le tir : le premier au bastion 4, le deuxième au bastion 5.

L'ouvrage à cornes, confié à l'intrépide et énergique maréchal-des-logis Olannier, faisait feu de ses canons de $4^c/_m$ et inquiétait aussi les batteries du Mont-Marion et de Presle.

Les mobiles de la 12e batterie du Nord, capitaine Franchomme, se mettaient de la partie et tiraient des bastions 6 et 7 sur les mêmes points.

Mais, si actif, si acharné qu'était notre feu, nous ne pouvions à peine donner qu'un coup sur deux que nous envoyaient les Allemands, qui avaient pour eux l'avantage du nombre et la célérité du tir avec leur canons se chargeant par la culasse ; aussi nos pertes furent-elles sensibles dans cette première phase du bombardement.

Vers dix heures du matin, la pièce de 24 du cavalier 27, pourtant couverte par une forte traverse la protégeant contre la plus grande partie de la position de Presle, reçut un obus tiré par la batterie allemande n° 4, dont la position prenait cette pièce de flanc ; l'obus s'abattait sur le côté droit de l'affût, qu'il brisait en éclatant, jetait de côté le châssis, et la lourde pièce, pesant 3,600 kilogrammes, tombait dans le plan vertical. Tous les servants furent encore une fois renversés par le choc, mais tous ne se relevèrent pas : le deuxième servant de droite avait les deux jambes broyées, le premier servant de gauche les côtes enfoncées, le deuxième servant de gauche roulait à côté de la pièce et avait le bras droit pris sous l'énorme culasse, le premier servant de droite, étendu contre le parapet, appelait à l'aide, disant qu'il était mort : « A moi, mes amis, criait-il, d'une voix déchirante, à moi, mes amis, je suis mort! » Le malheureux était à moitié fou de terreur.

Le premier moment du stupeur passé, les servants, qui n'avaient pas été touchés, se relevèrent et se précipitèrent au secours de leurs camarades ; les deux blessés furent d'abord transportés dans le magasin situé à côté de la pièce ; à l'aide de leviers de pointage, on dégagea, le servant dont le bras était pris sous la culasse ; on releva le premier servant de droite toujours étendu et... on constata que le pauvre garçon n'avait aucun mal.

Il ne fallait pas songer à remonter la pièce, du moins pour l'instant, les servants disponibles se portèrent aux deux autres pièces du bastion et coopérèrent à la manœuvre, les deux blessés furent transportés à l'Hôpital, où l'un d'eux, celui qui avait les jambes brisées, mourut le lendemain.

A peu près au même moment, un mobile du Nord, le nommé Flouquet, était tué raide au bastion 6 ; la pièce de 4 $^c/_m$ du bastion 3-4 était démontée, la roue de l'affût broyée et le cercle tordu ; plusieurs servants étaient blessés au bastion 4 ; près de l'ancienne poudrière, un mobile du 2e bataillon avait un bras et une jambe brisés ; une pièce de la courtine 3-4 était aussi démontée ; le dépôt de fourrage, placé sous les tours Saint-Jean, prenait feu et se consumait lentement ; à l'ouvrage à cornes, l'une des deux pièces de 4 %m était renversée, l'autre le fut dans l'après-midi ; ces deux pièces furent démontées et remontées deux fois.

Toutes ces pertes, au lieu d'abattre le moral de nos hommes, eurent pour effet de le grandir, et l'acharnement semblait redoubler lorsqu'un des nôtres tombait, et puis on remarquait de temps en temps que telle pièce prussienne, dont on avait remarqué le tir, se taisait. Donc elle était démontée, hors de combat. Ces constatations augmentaient la confiance, grandissaient le courage ; l'insouciance, cette caractéristique du soldat français, finissait par prendre le dessus ; c'est par des saillies humoristiques que nos artilleurs accompagnaient les obus qu'ils envoyaient sur les batteries prussiennes, c'est par des lazzis qu'ils accueillaient les obus allemands qui passaient au-dessus de leurs têtes ou qui manquaient le but :

« Encore un qui ne nous gênera pas, disait l'un.

— Encore un pour le roi de Prusse, disait un autre.

— T'as un bouchon dans l'œil, criait un loustic, lorsqu'un obus tombait trop court.

— Trinquez, mais ne cassez pas les verres, disait un jeune brigadier de la 12ᵉ batterie du Nord, quand l'obus de la pièce qu'il venait de pointer tombait au milieu des canons du Mont-Marion. »

Ce mépris du danger, ce défi à la mort qui, pourtant, planait constamment au-dessus de leurs têtes, indiquaient chez nos jeunes soldats un sentiment très haut placé du devoir, sentiment qui ne les abandonna pas un seul instant ; de repos, de nourriture, il n'en fut pas question, ou à peu près, toute cette première journée ; à peine une croute de pain et une goutte d'eau-de-vie prises entre deux salves.

Reimbold, toujours calme, donnait à ses camarades l'exemple du plus grand sang-froid. A un moment donné, se rappelant qu'il a oublié dans les débris de la tente renversée le matin, un litre d'eau-de-vie qui lui appartenait, priait un des artilleurs de pointer à sa place et s'en allait à l'endroit où avait été la tente, dont les restes brûlaient encore ; il écartait tranquillement la paille en feu en cherchant attentivement, sans s'inquiéter des nombreux obus qui s'abattaient autour de lui.

« Que cherches-tu donc, Reimbold, lui demandait-on ?

— Je cherche mon litre d'eau-de vie que j'ai laissé dans la tente, et au bout d'un moment, ayant enfin retrouvé le fameux litre : le voilà ! s'écriait-il en le brandissant au bout de son bras, buvons une goutte... et... feu tout le temps. »

Vers midi, les Prussiens, qui avaient compté sans l'énergique résistance de la place et qui avaient, pour se conformer aux prescriptions du plan d'attaque, dépensé une partie de leurs munitions, ralentirent sensiblement ; le feu le nôtre était aussi moins nourri, nous avions du reste déjà 6 ou 8 pièces démontées et beaucoup d'embrasures détruites ; mais, vers quatre heures, la canonnade, qui, quoique moins vive, n'avait pas été interrompue, recommença avec plus d'intensité ; les batteries prussiennes, réapprovisionnées et voulant anéantir complètement l'artillerie de l'assiégé avant la nuit, tiraient à outrance de toutes leurs pièces.

Nous ne fûmes nullement intimidés, et nos canons encore debout, servis et pointés méthodiquement, tiraient aussi sans relâche, portaient aux batteries ennemies des coups sérieux.

L'ouvrage à cornes prenait la part la plus active au feu et tirait avec toute la vigueur possible sur la batterie de Presle, quoique étant assailli par une quantité considérable de projectiles ; son attitude déconcertait l'ennemi qui pensait en avoir facilement raison ; malheureusement, le brave, l'héroïque Olannier, qui le commandait, fut atteint dans cette après-midi par un obus qui lui fracassa les deux jambes ; transporté à l'Hôpital, il succombait deux jours après au milieu d'atroces souffrances ; il fut remplacé dans son commandement par le brigadier Poirot qui, animé par l'exemple et furieux de la perte qu'il venait de faire en la personne de son maréchal-des-logis, continua la lutte avec acharnement.

Si nos pertes furent sensibles dans cette première journée, celles de l'assiégeant furent sérieuses aussi; l'une de ses batteries de Presle, la batterie n°4, dont le rôle était de battre la courtine 3-4, avait, dès le matin, dirigé ses coups contre cette courtine afin de commencer la brèche ; elle dut abandonner cet objectif pour lutter contre nos canons, dont la précision était telle que le colonel Bartsch et le major Gartner virent éclater près d'eux une bombe qui tua deux hommes et en blessa quatre autres, dont deux grièvement, tous servants de la même pièce, qui fut momentanément réduite à l'inaction ; cette même batterie n° 4 eut encore trois blessés : « Ce qui est vraiment
» extraordinaire, écrivit le major Gartner, quand
» on considère que ce fait avait lieu derrière un
» parapet très solide dominant bien l'ennemi à
» une distance de 1,800 mètres. »

Le magasin à poudre de la batterie n° 5 avait été tellement atteint qu'il était presque découvert, cette batterie avait deux pièces démontées et deux hommes blessés.

La batterie n° 1 reçut de nombreux projectiles et eut une de ses pièces démontée par un coup du bastion de l'Arquebuse.

La batterie n° 2 eut deux hommes grièvement blessés et une pièce démontée. Cette batterie était contrebattue par le bastion 3-4.

La batterie n° 3 lança ses bombes sur la ville toute la journée. En raison de sa position exceptionnellement abritée par le talus du chemin-de-fer, près de la route de Fère-en-Tardenois, qui, à cet endroit, a près de six mètres de hauteur ; cette batterie, du reste peu attaquée, ne subit aucune perte. Les batteries 6, 7 et 8, escarpées et dissimulées, ne furent pas atteintes.

« En résumé, suivant le major Gartner, les
» batteries allemandes avaient, en présence de la
» violence inattendue du feu de l'assiégé, tiré
» trop vite dans la matinée, de sorte qu'elles
» avaient dû ralentir la succession de leurs coups
» dans l'après-midi pour pouvoir se suffire avec
» leurs munitions, ce qui, à tous égards, était fort
» regrettable. Cependant, du côté de la place, le
» feu s'était également un peu ralenti. Néanmoins,
» l'artillerie française est digne des plus grands
» éloges ; que de fois des embrasures démolies se
» rétablissaient de nouveau, dès que notre feu
» se dirigeait sur un autre point, comme nous y
» étions obligés par la sagacité avec laquelle la
» forteresse mesurait ses coups. Il est vrai
» d'ajouter que, par suite de la position avanta-
» geuse de nos batteries, et la plus grande
» précision de nos pièces, elle avait dû éprouver
» de nombreuses pertes... Dans la conférence

» présidée le soir par le grand-duc de Mecklem-
» bourg, on s'accorde à reconnaître qu'en présence
» du feu violent et bien nourri de la place on doit
» s'attendre à une défense énergique, et qu'on
» sera obligé d'en venir à une attaque en règle.
» Le colonel Bartsch fait des démarches auprès
» du chef de l'état-major, colonel de Krenski, pour
» obtenir une provision plus considérable de muni-
» tions et en même temps l'adjonction d'une nou-
» velle compagnie d'artillerie. Le grand-duc
» ordonne pour le lendemain un feu plus ferme sur
» l'artillerie de la place et plus de de vigueur dans
» le bombardement de la ville. Il assiste pendant
» les quatre jours à la lutte du haut d'une émi-
» nence au Sud de Beleu, d'où il distribue ses
» conseils et ses ordres. »

A la tombée de la nuit le feu ralentit de part et d'autre, nos artilleurs en profitèrent pour réparer les dégâts causés par le feu de l'ennemi, refaire les embrasures détruites, changer les affûts, brisés, remonter les pièces démontées dans la journée, et réapprovisionner les magasins aux munitions. De repos il ne fut pas question, et l'aube surprenait le lendemain matin nos braves canonniers mettant la dernière main à l'œuvre, et se disposant à recommencer le combat. Toutes nos pièces étaient prêtes à faire feu. Il avait pourtant fallu toute cette nuit riposter de temps en temps aux batteries allemandes qui nous envoyaient des décharges à intervalles réguliers, notamment les batteries 7 et 8, qui tiraient avec leurs obus à balles, dit shrapnels.

Les soldats du génie, à l'aide de corvées fournies par l'infanterie, avaient, sous la direction du capitaine Fargeon et du lieutenant Caron, construit plusieurs traverses en terre pour protéger les canons trop exposés aux coups des batteries de Presle. La conduite de ces 30 sapeurs et de leurs officiers mérite d'être signalée ; toute la nuit, sans trêve ni repos, exposés aux balles des shrapnels, ils travaillèrent avec une ardeur qui ne se démentit pas une seule minute; ils avaient assuré la presque sécurité des canons qu'ils étaient chargés de couvrir.

Le 13, à six heures du matin, exactement comme la veille, la musique infernale recommençait.

Les Prussiens qui, eux aussi, avaient travaillé la nuit à réparer leurs dégâts et à se réapprovisionner, ouvraient le feu de toutes leurs pièces. Se conformant aux prescriptions données la veille au soir par le grand-duc de Mecklembourg, ils accablaient de projectiles tout le front d'attaque et le quartier Saint-Martin.

Sur les remparts, tout le monde est à son poste : le commandant Roques-Salvaza, le capitaine de Monery, le lieutenant Josset, de la 1re batterie du 8e ; les capitaines Franchomme et de Lavalette, les lieutenants Meunier, Druez et Agache, des mobiles du Nord, sont à leurs batteries et à leurs sections.

Le commandant Roques-Salvaza, dont le calme intrépide ne se trahit pas un instant, passait d'une position à l'autre, s'assurait que tout était en état, encourageait, conseillait, sans se soucier des obus qui labouraient la terre autour de lui, il avait, lui aussi, passé toute la nuit sur les remparts.

Le lieutenant-colonel de Noue était arrivé aussi au premier moment pour se rendre compte de la situation ; mais les nécessités impérieuses du commandement exigeant sa présence à la Place, il rentra à son poste.

La canonnade était encore plus violente que la veille, c'était un roulement continuel de détonations, le sol tremblait, l'air était ébranlé, on aurait dit un déchaînement général de tous les éléments. Les Prussiens, pour ainsi dire furieux de n'avoir pas anéanti notre artillerie, donnaient à leur feu toute l'intensité possible ; de notre côté, aguerris, encouragés par leurs chefs et excités par la lutte de la veille, nos artilleurs ripostaient de toutes leurs pièces et rendaient, pour ainsi dire, coup pour coup ; ils tiraient avec calme mais sans relâche. Pourtant de rudes coups leur furent portés pendant cette matinée du 13.

Vers dix heures du matin, un obus, parti de la batterie allemande n° 5, tombait sur la crête intérieure du parapet à la courtine 3-4, derrière laquelle se trouvaient réunis, le capitaine de Monery, le maréchal-des-logis Moulin et sept ou huit servants.

qui s'étaient abrités à cet endroit pour prendre un moment de repos; l'obus prussien éclate en traversant la crête, coupe littéralement en deux le malheureux Moulin, enlève la partie supérieure de la tête de Schneider, l'un des servants, atteint le capitaine de Monery à la figure et à la poitrine et blesse trois servants.

Ce coup terrible, réduisit au silence, pendant quelques temps, les trois pièces de la courtine 3-4.

Le lieutenant Josset accourut aussitôt; il fit enlever les cadavres de Moulin et de Schneider et transporter, dans la casemate du bastion 3, le capitaine de Monery et les autres blessés, en attendant le moment où ils pourraient, sans trop de dangers, être conduits à l'ambulance. Il s'en fallait pourtant de beaucoup qu'ils fussent en sécurité dans cette casemate qui, comme on sait, contenait une grande quantité de tonneaux de poudre et de munitions, gargousses, obus, etc., et dont une craponnière ouvrait sur le fossé de la courtine 3-4, car peu de temps après leur installation, un obus, tiré de la batterie prussienne n° 6, tombait sur l'angle du flanc droit de la craponnière et éclatait projettant nombre d'éclats, dont un, avec un ronflement sinistre et lugubre, fit le tour de la casemate à seulement 20 à 30 centimètres au-dessus des tonneaux de poudre; ces quelques centimètres plus bas, c'en était fait de la casemate, des blessés, de ceux qui leur donnaient les premiers soins et du bastion 3, tout sautait!

Pour se garantir d'autres visites du même genre, l'ouverture de la craponnière fut bouchée avec un matelas qui se trouvait dans la casemate, un nouveau danger fut ainsi écarté ; plusieurs éclats d'autres obus, battant en brèche la courtine 3-4, vinrent bien s'amortir sur ce matelas, mais ne pénétrèrent pas dans l'intérieur.

A peu près au même moment où tombaient le capitaine de Monery et ses hommes, un obus de la batterie n° 2 (Sainte-Geneviève) blessait grièvement, devant l'*Hôtel du Soleil-d'Or*, rue Saint-Martin, le brigadier-trompette des mobiles du Nord, jeune musicien de grand talent et lauréat du Conservatoire. Un autre obus, parti celui-là de la batterie n° 4, s'abattait rue des Minimes, sur l'hôtel appartenant au comte de Blavette, où naquit le célèbre avocat Alphonse Paillet, et tuait deux malheureuses jeunes femmes, dont l'aînée n'avait pas trente ans ; ces deux victimes, qui s'étaient réfugiées à Soissons croyant être plus en sécurité, tombaient pour ne plus se relever, sous les yeux de leur mère, Mme Lévêque.

Un détail qui ne doit pas passer ignoré : lorsque, après la capitulation, les Allemands se répandirent dans la ville pour occuper les logements qui leur étaient assignés, deux officiers se présentèrent à l'hôtel de Blavette et réclamèrent leurs chambres : « Venez, leur dit Mme Lévêque, je vais vous les montrer, » et elle les conduisit dans celle où reposaient, du sommeil éternel et côte à côte, ses deux malheureuses filles. A la vue de ces deux cadavres, les Prussiens reculèrent et se retirèrent, honteux, ne trouvant pas une parole, pas un mot à adresser à cette pauvre Mme Lévêque, qui pleurait ses enfants en maudissant les Allemands.

D'autres habitants furent tués ou blessés dans cette journée du 13 Octobre ; pourtant le roi de Prusse, Guillaume, dans la proclamation qu'il adressait aux habitants des pays envahis, disait qu'il ne faisait pas la guerre aux gens inoffensifs ; mais le grand-duc de Mecklembourg ne se rappelait sans doute pas cette proclamation, lorsqu'il ordonnait de bombarder vigoureusement la ville.

De nombreux projectiles prussiens tombèrent sur la grande caserne et firent un certain nombre de victimes, il n'était plus possible de traverser les cours, des tranchées durent être creusées aux endroits les plus découverts afin de faciliter la circulation des troupes.

A la manutention militaire, un obus tombait au milieu de la boulangerie, tuait deux hommes occupés à faire le pain et en blessait trois autres.

Nombre d'incendies furent allumés, beaucoup furent promptement éteints, grâce aux récipients remplis d'eau que les habitants avaient installés aux différents étages ; mais plusieurs ne purent l'être et détruisirent les immeubles où ils avaient pris naissance : la maison du sieur Grison, située près des remparts, entre les bastions 2-3, devint la proie des flammes ; la maison Létrillart, dans le même pâté de maisons, brûlait aussi ; le bureau des hypothèques, un peu plus loin, dans la rue Saint-Martin ; ainsi que l'atelier de carrosserie de M. Adnet, qui y était contigu, étaient anéantis ; la petite caserne voyait un troisième incendie qui n'ayant pu, comme les deux autres, être éteint au début, détruisit toute sa partie supérieure.

Cependant, les dévouements ne faisaient pas défaut ; à signaler celui d'un prêtre, dont le nom est inconnu, qui pénétra sans hésiter dans le bâtiment incendié pour secourir les nombreux blessés qui s'y trouvaient, et les admirables sœurs de charité qui n'abandonnèrent pas leur poste.

Cent cinquante blessés et malades purent être sauvés et transportés à l'Hôtel-Dieu et à Saint-Léger.

A l'arsenal, un deuxième incendie se déclarait dans le bâtiment C, contenant un certain nombre d'obus dont une partie étaient chargés ; un dépôt de fourrage, placé entre l'ouvrage à cornes et le bastion 6, brûlait également.

Le zèle des pompiers de la ville ne se démentit pas un seul instant pour combattre et éteindre ces différents incendies, sur lesquels les Allemands lançaient leurs shrapnels à profusion. Fractionnés par sections établies dans les différents quartiers, les pompiers, sous la conduite de leurs officiers, accouraient au premier signal et attaquaient le feu, malgré la pluie de mitraille que les artilleurs ennemis faisaient tomber autour d'eux.

Un certain nombre de courageux citoyens aidaient les pompiers dans leur périlleuse tâche, plusieurs incendies purent être éteints avant d'avoir pris de grandes proportions.

En présence du feu violent de l'assiégeant et et du nombre des victimes qui tombèrent dans cette deuxième journée du bombardement, un de nos artilleurs eut une inspiration, à laquelle beaucoup durent de ne pas être atteints.

Ayant remarqué qu'il s'écoulait entre le départ et la chute du projectile un certain laps de temps, il émit l'idée de faire observer continuellement les batteries prussiennes; dès qu'un jet de fumée en partait dans la direction de la pièce à laquelle il était affecté, l'observateur criait : « Gare la bombe ! » Tous les servants se blotissaient contre l'épaulement, aussitôt le projectile ennemi passé ou éclaté, ils reprenaient la manœuvre et tiraient ; et notre feu, malgré les vides sensibles déjà produits dans nos rangs, se maintenait ferme, soutenu, portant toujours de rudes coups à l'assiégeant ; les bastions 1, 2, et 3 avaient même acquis une supériorité sur les batteries de Saint-Geneviève, dont le tir se ralentissait très sensiblement; les bastions n°s 4, 5, 6 et 7, la courtine 3-4 et l'ouvrage à cornes, ne faiblissaient pas et tiraient sans désemparer.

Le service de l'approvisionnement, assuré par le maréchal-des-logis Herbert, du 8e d'artillerie, ne laissa jamais nos canons au dépourvu, l'héroïque sous-officier, seul, avec un mauvais chariot et un attelage improvisé, venait à l'arsenal, chargeait son véhicule, montait sans selle sur l'un des chevaux, et distribuait les projectiles sur les remparts, sans se soucier des obus allemands qui pleuvaient autour de lui.

Vers deux heures de l'après-midi, l'assiégeant cessait son feu et un parlementaire se présentait à la porte Saint-Martin.

Le capitaine comte de Schleitten venait, de la part du grand-duc de Mecklembourg, sommer, le colonel de Noue de lui rendre la ville. Le feu cessa aussitôt de notre côté. Le parlementaire fut introduit dans la place et, les yeux bandés, fut conduit auprès du colonel; il formula la sommation au nom du grand-duc de Mecklembourg, ajoutant que toutes nos pièces sont réduites au silence et que la chute de la forteresse est inévitable dans un délai très rapproché.

Le colonel de Noue répondit: « Que son devoir
» et son honneur ne lui permettaient pas de
» capituler, que la garnison était intacte et dis-
» posée à la lutte, que les pièces étaient remontées
» et en état de faire feu, et qu'il attendait les
» Allemands à l'assaut sur la brèche; il se plaignit
» amèrement au parlementaire de ce que les
» Allemands tiraient sur la ville et sur les ambu-
» lances, pourtant protégées par le drapeau de la
» Convention de Genève, et que le siège était
» conduit d'une façon inhumaine puisque le feu

» était dirigé autant sur la ville que sur les
» remparts. »

C'était la quatrième fois que le colonel de Noue refusait de se rendre.

Le parlementaire, devant la justesse des observations du colonel de Noue, lui répondit que c'était par une cause indépendante de la volonté de l'assiégeant qu'une partie de la ville était atteinte par les projectiles allemands, qu'il fallait attribuer cette cause aux pointeurs dont le tir était trop long, et que les bâtiments atteints étaient dans la direction du tir.

La réponse était mauvaise, car en admettant que le tir de quelques pièces fut trop long, il n'aurait pu l'être assez, pour atteindre les points touchés, si ce tir n'avait été dirigé par ordre. Les Allemands essayèrent du reste, de se justifier contre les accusations du colonel de Noue, en prêtant à ce dernier, la remarque suivante, qui semble plutôt ironique, et que l'on trouve dans le travail officiel rédigé par la section historique du grand état-major prussien sur la guerre franco-allemande :

« Le commandant de Noue se plaignait, en cette
» occasion, que le siège fut conduit brutalement
» et sans art, au lieu de suivre la marche régu-
» lière indiquée par Vauban. »

Le comte de Schleitten fut reconduit à la porte Saint-Martin où l'attendait son escorte, de la même manière qu'il avait été amené devant le colonel de Noue, c'est-à-dire les yeux bandés et tenant la main du capitaine de place Magnan, qui le dirigeait; grand, élancé, portant magnifiquement l'uniforme, l'officier prussien marchait la tête haute, et si ses yeux ne purent voir les nombreux dégâts déjà causés en ville, il put néanmoins s'en faire une idée, car son pied heurtait à chaque instant ou une pierre, ou une tuile, ou un débris quelconque, qui jonchaient les rues.

Le parlementaire remonta à cheval en sortant de la place et s'éloigna au trot, quand il fut hors de vue des remparts, il abaissa son fanion et les Prussiens recommencèrent le feu.

Les deux heures de répit qu'avait données l'entrevue de l'officier prussien avec le colonel de Noue furent mises à profit par nos artilleurs et nos pompiers; les dégâts sur les remparts furent réparés, les pièces démontées furent remontées, les embrasures détruites furent refaites, et les incendies éteints.

Un certain nombre d'habitants, apprenant la cessation du feu, étaient accourus sur les remparts notamment à la porte Saint-Martin, poussés par la curiosité et pour se rendre compte des effets de l'artillerie ennemie; les premiers coups de canon les firent rentrer précipitamment chez eux.

Nos canons ripostèrent vivement aux canons allemands, et pendant deux heures, c'est-à-dire jusqu'à la nuit, le combat continua avec vigueur de part et d'autre; nos projectiles portaient, mais ceux des Allemands aussi, ce n'était que détonations d'obus éclatants, bruits de toits, de cheminées, de murs qui s'écroulaient.

L'ennemi, sans doute rendu furieux par le refus du commandant de la place et les amers reproches adressés au comte de Schleitten, redoublait l'intensité de son feu, qu'il dirigeait plus particulièrement sur la ville.

Vers six heures, une lueur sinistre éclairait le quartier Saint-Martin, la ville, et tous les environs. Le magnifique Hôpital qui donnait asile à 300 personnes, vieillards, femmes et enfants, prenait feu sous les coups répétés de l'ennemi et devenait la proie des flammes ; il formait bientôt un immense brasier d'où il fallait arracher, et les vieillards infirmes, et les enfants en bas âge.

Le commandant de place, le commandant d'artillerie et beaucoup d'officiers de la garnison, M. Salleron, président de la commission municipale et ses collègues, les sapeurs-pompiers, des détachements de la garnison et une quantité de courageux citoyens, accoururent sur les lieux du sinistre et multiplièrent leurs efforts pour arracher aux flammes les malheureux pensionnaires de ce bel établissement. Les actes de dévouement ne se comptaient pas, tout le monde rivalisait de zèle dans ce sauvetage émouvant et périlleux ; les religieuses suppliaient que l'on sauve d'abord les paralytiques et les enfants; quelques-uns de ces pauvres petits, affolés, en chemise et pieds nus, couraient à travers la ville, criant, implorant des secours pour l'asile qui les avait abrités et nourris et qu'ils considéraient comme leur propriété ; l'intrépide maréchal-des-logis Herbert pénétrait vingt fois dans les bâtiments en feu et en sortait portant sur son dos un des pensionnaires infirmes qu'il sauvait ainsi d'une mort horrible.

Quelle belle récompense méritait ce brave sous-officier, ce héros modeste, et que son régiment doit être fier de lui !

Tous les hospitalisés furent sauvés et transportés à l'Hôtel-Dieu et au Collège, à l'exception d'une vieille femme qui fut tuée par un éclat d'obus. Le concierge, un ancien gendarme retraité, tombait aussi, victime de son dévouement.

Il ne resta bientôt plus que les quatre murs de ce vaste édifice ; pendant toute la durée de l'incendie, les Prussiens, ne cessèrent d'envoyer sur les bâtiments en flammes des shrapnels dont les balles atteignirent plusieurs travailleurs et les blessèrent grièvement. La batterie n° 7, notamment, envoyait ses obus avec une telle précision que, de la position qu'elle occupait sur la montagne de Presle, une grande quantité passèrent entre les deux tours Saint-Jean, pour tomber sur l'édifice en feu ; il est vrai que d'autres obus s'aplatirent sur ces deux tours déjà si maltraitées et ajoutèrent encore aux mutilations.

Les Allemands éprouvèrent, pour ainsi dire, le besoin de se disculper de ces incendies allumés de parti pris. Le major Gartner, dans son ouvrage sur le siège de Soissons, écrivait ce qui suit :

« Les hôpitaux avaient été de préférence établis
» dans la partie Sud de la ville, où allaient se
» perdre ceux de nos coups trop hauts. Quant à
» l'incendie du Grand-Hôpital, le feu est dû,
» comme nous nous en sommes aperçus en entrant
» dans la ville, à ce qu'un drapeau flottant sur
» un pignon nous l'avait fait prendre pour une
» caserne. Il n'était néanmoins arrivé d'accidents
» à aucun malade. On ne laissa pas cependant
» de nous accuser de barbarie, on ne voulut
» rien entendre. »

Un mot en passant sur les arguments du major Gartner : il allègue que le drapeau flottant sur un pignon avait fait prendre l'Hôpital pour une caserne ; or, tout le monde sait que si un drapeau est arboré à une caserne, c'est à la porte principale de cette caserne qu'il est fixé, les Allemands le savaient bien aussi. Le drapeau qui flottait au faîte de l'Hôpital était blanc avec seulement la croix rouge de la Convention de Genève, on pouvait encore, à l'aide d'une lunette, le distinguer du drapeau tricolore. De plus, nos ennemis nous feront bien la grâce de ne pas nous croire si naïfs que de leur indiquer d'une manière apparente les bâtiments qui abritaient nos troupes. Ils connaissaient tout aussi bien que nous, sinon mieux, les termes de la Convention de Genève, et on a reconnu, depuis la guerre, qu'ils avaient souvent abusé du drapeau blanc à croix rouge. Quant aux coups trop hauts, le major Gartner, en les signalant comme excuse, fait tout simplement injure aux pointeurs allemands, la précision de leurs pièces ne leur permettait pas des écarts semblables; enfin s'il n'est arrivé d'accident à aucun malade, c'est grâce au dévouement des courageux sauveteurs qui purent les soustraire aux projectiles prussiens.

Les coups portés à l'assiégeant dans cette deuxième journée du bombardement furent encore sérieux :

La batterie n° 1, avait une pièce démontée, une autre atteinte, un canonnier blessé.

La batterie n° 2, avait trois hommes blessés.

La batterie n° 4, vigoureusement canonnée, fut obligée de diviser son feu et de tirer sur l'ouvrage à cornes dont le tir la maltraitait; deux de ses pièces durent abandonner le tir en brèche pour tirer sur cet ouvrage ; un de nos obus lui blessait cinq hommes, un autre lui brisait une roue d'affût.

La batterie n° 5, dont trois des pièces tiraient sur l'ouvrage à cornes et les trois autres sur la ville, recevait de nombreux projectiles.

La batterie n° 6 souffrait aussi de notre feu ; la batterie n° 7 également; la batterie n° 8 ne subissait aucune perte ; notre tir fut surtout violent de huit heures à dix heures du matin, nous ne prenions même pas la peine de compter nos coups.

Les Allemands nous avaient envoyé :

Le premier jour : 1,864 obus,
184 shrapnels, 300 bombes,
soit...................... 2,348 projectiles.
Le deuxième jour : 1,993 obus,
225 shrapnels, 294 bombes,
soit...................... 2,517   —

Soit en ces deux premières
journées.................. 4,865 projectiles.

Aussi nos pertes furent-elles sensibles, nous avions encore cinq de nos pièces démontées, qui furent remontées la nuit suivante, et des affûts brisés ou endommagés qu'il fallut remplacer ; des corvées, fournies par le 15ᵉ de ligne et le 2ᵉ bataillon de mobiles, durent aider l'artillerie pour ce travail.

Une vingtaine d'hommes furent tués ou blessés; le nombre des défenseurs diminuait donc sensiblement. La population civile était plus maltraitée encore que la veille et comptait des tués et des blessés; la brèche prenait des proportions inquiétantes; mais le moral de nos canonniers ne faiblissait pas, il semblait au contraire s'élever, nos jeunes artilleurs étaient aguerris.

Les inhumations, qui cependant étaient faites de la façon la plus sommaire dans le jardin de l'Hôpital, furent suspendues; les préposés n'osant s'exposer aux coups nombreux des Allemands. Une charrette contenant sept cercueils fut abandonnée dans le bas de la rue de Panleu, en face de la maison de M. de Noiron; elle resta à cette même place avec son lugubre chargement tout le jour suivant, elle fut enfin conduite dans les fossés des fortifications, derrière Saint-Léger, où la municipalité avait décidé d'enterrer provisoirement les morts.

En présence de l'opiniâtre résistance de l'artillerie de la place à laquelle il ne s'attendait pas, l'assiégeant, craignant que le siège dure plus longtemps qu'il l'avait prévu, demandait des renforts; le grand-duc de Mecklembourg, donnait des ordres pour qu'il lui soit envoyé, en infanterie, deux bataillons fournis par la garnison de Reims; une batterie d'artillerie empruntée aux troupes d'investissement de Mézières, quatre nouveaux mortiers, et enfin des munitions qui devaient être fournies par les places de Toul et de Strasbourg.

L'ouverture de la première parallèle était décidée.

Le capitaine du génie prussien Adolphe Gœtze, dans son ouvrage sur les opérations du corps du génie allemand pendant la guerre, a écrit ce qui suit sur cette journée du 13 Octobre :

« L'ennemi a mis en batterie de nouvelles
» pièces et remplacé quelques bouches à feu
» démontées. La place est sommée de nouveau
» à midi (il était deux heures de l'après-midi),
» mais inutilement, et le feu recommence vive-
» ment des deux côtés, on en conclut que l'on

» ne peut amener la place à capituler par un
» bombardement de courte durée et qu'il faut
» songer sérieusement à entreprendre un siège
» en règle.

» D'après le projet d'attaque du colonel Braun,
» la parallèle devait être placée à une distance
» moyenne de 500 mètres (800 pas) des glacis du
» front d'attaque, en arrière de la crête d'un
» petit mouvement de terrain ; sa gauche s'ap-
» puyait par un crochet à la route de Vauxbuin à
» Soissons (route de Paris) ; sa droite à la Crise,
» que l'on avait barrée ; sa longueur totale était
» de 810 mètres (1,080 pas). A sa gauche aboutissait
» une communication en arrière tracée dans la
» direction de Vauxbuin et composée de deux
» boyaux seulement, mais que l'on aurait prolon-
» gée si le siège avait été continué. Le projet ne
» comprenait pas de communication à la droite,
» parcequ'il aurait fallu jeter un pont sur la
» Crise, ce qui eut entrainé de grandes difficultés.

» Deux causes faisaient reculer la date à fixer
» pour l'ouverture de la première parallèle : le
» faible effectif de l'infanterie du corps de siège,
» et le manque d'outils. De plus, le point d'attaque
» étant connu de la défense puisque l'on avait
» déjà commencé le tir en brèche, il fallait s'at-
» tendre à voir l'assiégé tirer beaucoup sur les
» troupes de garde et sur les travailleurs. Le
» colonel Braun pensait donc faire construire
» d'avance par les pionniers quelques portions de

» la parallèle, ce qui permettait de diminuer le
» nombre des travailleurs et de fournir des abris
» aux soutiens. Pour détourner de ces travaux
» l'attention de l'ennemi, on ordonna à l'infanterie
» de creuser des tranchées-abris entre la grande
» route de Paris et la basse Aisne, ce qui fut
» aussitôt exécuté sur une très grande échelle. »

Toute la nuit du 13 au 14, nos artilleurs, qui n'avaient pris aucun repos depuis deux jours, travaillèrent à remettre en état leurs pièces et les embrasures, tout en ripostant de temps en temps au feu de l'assiégeant.

Le Conseil de Défense, dans la réunion tenue cette même nuit, en présence de la gravité de la situation, délibéra sur la possibilité d'une sortie vigoureuse de l'infanterie pour tenter d'attaquer et de s'emparer des batteries allemandes, et d'enclouer ou mettre les canons hors de service. Le capitaine Jacques, commandant le bataillon du 15ᵉ de ligne, émit l'avis que devant le peu de solidité de ses troupes il ne pouvait s'engager à tenter cette sortie, qui n'aurait, selon lui aucun succès. « Je n'ai pas, répétait-il, dix hommes par compagnie sur lesquels je puisse compter. » Les réticences du capitaine Jacques firent abandonner le projet d'une sortie, qui aurait pu être fructueuse étant vigoureusement conduite. Le... manque de confiance de cet officier dans ses soldats impressionna bien péniblement le Conseil de Défense qui dut renoncer dès lors au concours de l'infanterie;

il décida néanmoins de continuer la lutte de l'artillerie jusqu'à la dernière extrémité.

Le 14, à six heures, comme les jours précédents, la canonnade recommençait aussi violente, aussi furieuse; notre feu était tellement soutenu que l'assiégeant changeait l'objectif de ses canons de brèche et les faisait contre-battre les bastions. Vers neuf heures, une pluie fine, poussée par un vent très fort, nous tombait en face et gênait considérablement notre tir qui se ralentit quelque peu pendant un certain temps ; mais cette pluie ayant cessé et le vent s'étant apaisé, notre feu reprenait vigoureusement; il était si violent, que selon le major Gartner, l'assiégeant avait à peine le temps d'inscrire les coups.

Les batteries de Sainte-Geneviève perdaient l'avantage et étaient tellement maltraitées, que leur désarmement fut décidé.

Le feu de ces deux batteries, qui dans la matinée avait été très vif, se ralentissait sensiblement vers dix heures du matin, et dans l'après-midi, quelques rares coups répondaient aux pièces du bastion de l'Arquebuse, toujours servies par les artilleurs volontaires, et à celles des bastions 2 et 3; enfin ces deux batteries allemandes 1 et 2 abandonnèrent la lutte, leur position étant intenable. La constatation en est faite par cet aveu de l'ennemi, dans l'ouvrage rédigé par la section historique du grand état-major prussien :

« Le front Sud-Est de la place compris entre le

» faubourg Saint-Waast et le bastion 4 continue
» à tirer avec une précision telle que la situation
» des batteries de Sainte-Geneviève devient fort
» critique. »

Les bastions 4, 5, 6 et 7, se comportaient bravement, malgré les coups partis du Mont-Marion et de la montagne de Presle ; l'ouvrage à cornes était toujours aussi acharné. Les vides causés par les pertes des deux jours précédents avaient été comblés par des artilleurs mobiles du Nord, empruntés aux 14e et 16e batteries. Ces braves jeunes gens ne voulurent pas rester en arrière de leurs aînés de la 1re batterie et rivalisèrent de zèle avec les artilleurs du 8e régiment.

Le calme, la froide intrépidité de ceux-ci, leur ténacité au feu, firent encore l'admiration de l'ennemi ; mais l'héroïque, le superbe pointeur Reimbold, tombait atteint par un projectile qui lui brisait les quatre membres. Transporté à l'ambulance, il dut subir une amputation très douloureuse pendant laquelle cependant il fit preuve d'un grand courage ; ayant prié qu'on lui bourre sa pipe, Reimbold fumait tranquillement pendant toute la durée de la terrible opération. Il guérit de ses horribles blessures et retourna après la guerre rejoindre son cher 10e régiment, qui a le droit d'être fier d'avoir possédé un tel soldat.

Quelque temps après la guerre, le brave des braves, Reimbold, recevait la croix d'honneur en récompense de son admirable conduite.

Aux artilleurs volontaires, se faisait remarquer par son intrépidité, M. Qnemet, qui avait le commandement du bastion de l'Arquebuse, et qui fut aussi, après la guerre, décoré de la médaille militaire.

Nos pertes en hommes de cette troisième journée du bombardement furent moins grandes que celles des deux jours précédents, pourtant un certain nombre de militaires et d'habitants furent encore atteints par les projectiles ennemis. A la grande caserne, un obus tombait dans les cuisines et blessait trois ou quatre hommes ; au bastion 3, deux soldats du 15ᵉ de ligne, qui s'étaient réfugiés sous une voûte de communication, avaient les jambes fracassées par les éclats d'un obus tombé à l'entrée de la voûte ; au bastion 4, plusieurs artilleurs étaient encore mis hors de combat. Au bastion 5, deux canonniers furent renversés alors qu'ils portaient, à l'aide d'un levier de pointage, une bombe destinée à la charge du mortier de 27, en batterie à gauche de ce bastion, nos deux hommes gravissaient la rampe, tenant d'une main chaque bout du levier au milieu duquel pendait la bombe accrochée à l'S, un obus venant de la batterie prussienne n° 7, tombait juste sur la bombe, la projetait en arrière ainsi que le levier arraché violemment des mains des deux servants qui roulèrent à terre. Les deux braves se relevèrent un peu étourdis et sans autre mal qu'une forte commotion ; ils ramassèrent le levier et l'S, et retournèrent au dépôt de munitions chercher une autre bombe qui fut envoyée immédiatement sur les batteries du Mont-Marion. L'obus allemand et la bombe avaient éclaté simultanément, mais la force de projection ayant lancé les éclats en arrière des hommes, aucun ne fut atteint.

La 12e batterie des mobiles du Nord perdait son brave maréchal-des logis-chef Wicart, tué raide au moment où il pointait une pièce au bastion 6.

La 1re batterie avait encore huit ou dix hommes hors de combat, quelques hommes du 15e tombèrent aussi ; sept pièces étaient démontées, les affûts brisés.

Les pertes de l'assiégeant furent moins sérieuses que les jours précédents, une dizaine d'hommes hors de combat et trois ou quatre pièces atteintes, pourtant la lutte avait été vive ; mais les travaux de parements des batteries avaient annihilé beaucoup de nos coups.

La ville eut encore à souffrir pendant cette journée ; l'assiégeant, en raison de l'opiniâtreté de l'artillerie de la place, allongeait son tir, tout en tenant compte que les prisonniers allemands étaient enfermés à Saint-Léger, bombardait la partie Nord à outrance, tout en continuant d'accabler les quartiers déjà à moitié détruits par le bombardement des jours précédents.

Les pièces de brèche continuant leur œuvre, le mur de l'escarpe s'écroulait en partie et remplissait à moitié le fossé ; beaucoup d'obus prussiens s'enfonçaient alors dans la terre avec un bruit sourd mais n'éclataient pas. La brèche devenait praticable sur une étendue de 30 à 35 mètres et l'assaut était à craindre, les moellons et les terres tombées dans le fossé formant une rampe d'environ 45 degrés. Un peu d'audace de la part des Allemands et s'en était fait !

Vers cinq heures du soir, le clocher de la chapelle du Pensionnat de la Croix, qui brûlait depuis deux heures, s'inclinait lentement, puis s'effondrait en faisant entendre des craquements sinistres et en lançant dans les airs des millions d'étincelles ; on entendit de la place, les hourrahs que poussèrent les Allemands en voyant tomber ce coquet et élégant édifice, qui avait été leur point de mire depuis le commencement du bombardement.

A l'hôtel de Noiron, rue de Panleu, une bombe tombait et y tuait trois chevaux ; en face, un incendie éclatait dans la maison de M. Lemaire, il fut éteint avant de prendre de grandes proportions ; rue Saint-Martin, chez M. Dumont, adjoint au maire et membre de la commission municipale, une autre bombe broyait tout en éclatant, de nombreux obus y avaient du reste déjà commencé l'œuvre de destruction ; l'Hôtel-Dieu était aussi fort maltraité, plusieurs obus y étaient tombés, brisant, démolissant et couvrant de débris les malades et les blessés qui y étaient entassés ; Reimbold faillit être écrasé par une énorme pierre qui tomba à côté de son lit, quelques instants après son opération. Une grande quantité de maisons furent en partie détruites par ce bombardement infernal.

Le commandant de place fit appel à l'infanterie, demandant des hommes de bonne volonté pour garnir ce front et repousser l'attaque si elle se présentait; un petit nombre, de beaucoup insuffisant, répondit à cet appel, la situation devenait donc très précaire.

Une demande fut de nouveau faite au capitaine Jacques et au commandant de Fitz-James pour tenter une sortie, elle n'aboutit pas : le premier se retranchant toujours derrière le peu de confiance qu'il avait en ses hommes, le second derrière son état de santé qui ne lui permettait pas de se mettre à la tête de son bataillon.

De nombreuses lettres adressées par des habitants, arrivèrent au colonel de Noue. La population soissonnaise, qui avait supporté avec résignation les épreuves des deux premières journées du bombardement et dont l'attitude fut, du reste, très digne et très patriotique, se demandait si cette lutte, qu'elle considérait comme inutile, devait durer longtemps encore et si, aux sacrifices déjà très grands auxquels elle s'était résignée, allait encore s'en ajouter d'autres plus grands encore.

Toutes les lettres qui parvinrent au commandant de place le suppliaient d'arrêter, par la capitulation, la série des désastres et des victimes.

A la commission municipale, qui siégeait en permanence à l'Hôtel de Ville, de nombreuses démarches furent faites, pour demander l'intervention de celle-ci auprès de l'autorité militaire et obtenir la cessation du bombardement ; mais quelque grave, quelque désespérée que lui paraisse la situation, le colonel de Noue ne pouvait se résigner à cet acte qu'il considérait comme une humiliation et un déshonneur. Quels combats devaient se livrer à ces moments dans l'âme de ce vieux soldat, qui avait passé sa vie sur les champs de bataille, qui avait assisté à tant de victoires et qui voyait sa carrière se terminer aussi malheureusement, le sentiment d'humanité luttant contre le devoir du soldat! lui aussi, savait bien, et mieux que nul autre, que tous les sacrifices étaient inutiles, et pourtant il résistait, il voulait conserver jusqu'au bout, jusqu'à la dernière heure, la Place dont la garde lui avait été confiée !

Ci-après la relation allemande sur les opérations de l'artillerie pendant cette journée du 14 :

« *14 Octobre.*— Le feu recommença à six heures
» du matin ; les assiégés avaient fait pendant la
» nuit de grands efforts pour mettre en batterie
» un nombre de pièces supérieur à celui de
» l'ennemi, utilisant dans cette vue les canons
» lisses et les obusiers dont ils disposaient. Dans la
» matinée, les bastions tirèrent plus vivement que
» les jours précédents, particulièrement ceux des
» fronts Sud-Est, insuffisamment contre-battus
» par les batteries 1 et 2 ; mais leur feu diminua
» sensiblement à partir de midi pour cesser à peu

» près complètement vers le soir. Des incendies
» furent allumés en divers quartiers de la ville et
» la brèche avança considérablement; vers le soir,
» elle avait toute la largeur nécessaire, le mur
» était en partie renversé dans le fossé, mais ces
» résultats n'étaient pas encore suffisants, on
» résolut de rapprocher de la place certaines
» batteries, conformément aux dispositions arrê-
» tées la veille. En conséquence, les batteries 1 et 8
» furent désarmées à la chute du jour et leur
» matériel mis en réserve pour deux nouvelles
» batteries, 9 et 10, qui devaient être construites
» dans la nuit du 15 au 16 à 750 mètres de l'en-
» ceinte. »

» Les munitions s'épuisant, il fut décidé que
» les pièces de la batterie de brèche seraient appro-
» visionnées à 60 obus et 5 shrapnels, les autres
» canons à 5 obus et 5 shrapnels et chaque
» mortier à 40 coups ; le tir devait d'ailleurs être
» conduit de la manière ordinaire, la confection
» de la brèche étant toujours vivement poussée;
» et toutes les pièces devant bombarder la ville
» aussitôt que toutes les pièces de la défense
» auraient été réduites au silence. »

Il importe de rétablir la vérité en ce qui concerne la place assiégée, relativement à la première partie de cette relation. Nous n'eûmes pas, dans la nuit du 13 au 14 Octobre, à mettre en batterie de nouvelles pièces, et notamment des canons lisses, le commandant Roques Salvaza connaissant leur inutilité pour un tir à grande distance, et le peu d'efficacité de leurs projectiles sphériques par rapport aux obus nouveau modèle, mais la nuit fut employée, comme il a été dit plus haut, à réparer les dégâts de la journée du 13, remonter les pièces démontées et changer les affûts brisés ; cette tâche suffisait du reste à nos quelques artilleurs, qui n'avaient, pour ainsi dire, pris aucun repos et à peine de nourriture depuis quarante-huit heures.

La nuit du 14 au 15 fut employée de la même manière et nos braves canonniers du 8°, sous la conduite de l'infatigable lieutenant Josset, remirent en état embrasures, plates-formes, matériel et canons qui avaient souffert dans la journée, et à se réapprovisionner de manière à pouvoir recommencer le lendemain la lutte qui, du reste avait continué, sans toutefois être aussi vive, toute la nuit ; les Prussiens lançant de temps en temps obus et shrapnels pour inquiéter les travailleurs.

En présence de l'état inquiétant de la brèche, le commandant Roques-Salvaza réclama le concours des trente sapeurs du génie pour la réparer, ou tout au moins la rendre impraticable. Ces héroïques soldats, sous la direction du lieutenant Caron, abattirent les ormes en bordure le long du chemin de ronde et les apportèrent, garnis de leurs branchages, sur l'épaulement au-dessus de l'escarpe. Ces arbres, très serrés les uns contre les autres, formaient, avec leurs troncs disposées au-dessus du mur écroulé, une voûte qui en rendait l'escalade très difficile. Des fascines goudronnées furent jetées dans le fond du fossé, prêtes à être allumées si l'assaut se présentait. Des grenades, toutes préparées, furent réparties et placées en grand nombre derrière le parapet de la courtine 3-4, pour être jetées à la main dans le fond du fossé au moment de l'assaut. De repos, pour cette nuit-là encore, il n'en fut pas question.

En prévision de l'assaut, le contingent des troupes d'infanterie de garde au front d'attaque avait été renforcé, et toutes les dispositions étaient prises pour recevoir l'ennemi s'il se décidait à le donner.

Le bastion 3, la courtine 3-4 et le bastion 4, un cordon très serré de sentinelles était établi et la consigne était donnée d'observer très attentivement le terrain en avant des glacis.

Le lendemain 15, le temps était couvert et pluvieux, les Allemands n'ouvrirent le feu qu'à sept heures du matin; la riposte de nos canons ne se fit pas attendre. Nos canonniers qui, toute la nuit, n'avait cessé de travailler à remonter les pièces démontées, à réparer les embrasures et les batteries endommagées, et cela tout en répondant aux coups de l'artillerie ennemie, répondaient par une décharge générale qui ébranlait l'air, tout tremblait en ville; les vitres des maisons faisaient entendre un bruit comme si elles étaient secouées violemment, le feu continua nourri et soutenu toute la journée.

Vers huit heures du matin, un obus prussien parti de la batterie allemande n° 2, à gauche de Sainte-Geneviève, tombait dans la rue Saint-Martin, en face la maison de M. Dumont, un éclat allait atteindre, à 100 mètres plus loin, un malheureux vieillard que la curiosité avait poussé jusqu'aux remparts et qui regagnait son domicile, le renversait en lui brisant une jambe.

L'assiégeant tout en continuant son tir sur la brèche et sur les remparts, où il essayait, mais en vain, de faire taire nos canons et de détruire notre artillerie, allongeait son tir pour battre les parties de la ville qui n'avaient pas été atteintes pendant les trois premiers jours. Les mortiers de la batterie n° 3 continuaient à lancer leurs bombes qui écrasaient, broyaient tout, et allumaient de nouveaux incendies; pourtant le feu de la batterie n° 2 était faible, cette batterie étant accablée par ceux de nos projectiles que lui envoyaient les bastions 1, 2 et 3; mais les batteries du Mont-Marion et de Presle tiraient vigoureusement, à l'exception, cependant, de la batterie n° 8, qui était désarmée dans le but de venir prendre position la nuit toutefois; ainsi que la batterie n° 1, en avant du moulin Notre-Dame (au lieu dit la Buerie-Saint-Jean), où les travaux de terrassement se voyaient déjà des remparts, pour le lendemain 16, ouvrir le feu, si une nouvelle sommation, qui devait être faite au commandant de place, demeurait sans effet.

De nouvelles victimes, de nouveaux dégâts marquèrent cette quatrième journée ; cependant notre feu, de l'aveu même de l'ennemi, fut plus tenace plus violent même que celui des première, deuxième et troisième journées, et quoique le résultat de ce duel d'artillerie fut favorable aux Allemands, il n'en n'avait pas moins provoqué les réflexions suivantes du colonel prussien Bartsch, dans son ordre du jour aux troupes d'artillerie qu'il commandait :

« L'ennemi, bien que son artillerie soit moins
» nombreuse que la nôtre, n'en continue pas
» moins à faire feu avec toutes ses pièces, dont il
» augmente constamment le nombre. Il est donc à
» croire que le feu des batteries de siège n'est
» point dirigé avec le soin nécessaire, ou qu'il
» n'est pas rectifié convenablement; la nuit
» dernière, il n'a pas empêché les assiégés de
» rendre la brèche impraticable en la couvrant
» d'abattis...

» Nous avons eu le tort, disait le même officier,
» de n'avoir pu réduire au silence les canons de
» la place au premier moment, pour nous occuper
» ensuite du bombardement de la ville. »

Il est bon de noter en passant cette constatation de l'ennemi lui-même, constatation qui est le plus bel éloge adressé à nos artilleurs ; en effet, notre tir se maintenait si ferme, si vigoureux, que l'assiégeant, contrairement à ses prévisions du début, s'attendait à une longue résistance de la place. Indépendamment des dispositions prises la veille pour le rapprochement de ses batteries 1 et 8, il décidait que la batterie n° 2 serait également descendue dans la vallée de la Crise, à un point distant de l'enceinte de 1,350 mètres. La construction du nouvel épaulement devait avoir lieu dans la nuit du 17 au 18, et le duc de Mecklembourg, pour appuyer la sommation qu'il se proposait d'adresser au gouverneur, prescrivait en outre que la première parallèle serait terminée dans la nuit du 15 ; mais les préparatifs n'ayant pu être faits à temps, et sur les observations du colonel de Braun, directeur du génie, l'exécution de ce travail fut différé de vingt-quatre heures.

Les Allemands donnèrent le compte rendu suivant de cette journée du 15 Octobre :

« Le temps était couvert et pluvieux, le feu ne
» fut repris qu'à sept heures. Les défenseurs
» avaient de nouveau fait pendant la nuit de
» grands efforts pour acquérir la supériorité en
» artillerie, ce qui leur était d'autant plus facile,
» que les 12 pièces des batteries 1 et 2 restaient
» inactives ce jour-là. Leur tir devint très
» vif entre deux heures et quatre heures du
» soir ; il était surtout dirigé contre la bat—
» terie de brèche *qui dut se taire à diverses*
» *reprises*.

» Les pièces mises en batterie sur le cavalier
» des Capucins, en arrière de l'extrémité gauche
» de la courtine 5-6. Se montrèrent particulière-
» ment gênantes, l'attaque n'ayant aucune vue
» sur elles.

» La lutte ne prit fin qu'à six heures du soir
» après que les batteries eurent lancé sur la place
» un grand nombre de shrapnels. Dans la nuit
» du 14, les assiégés avaient cherché à rendre
» impraticable, en garnissant le sommet d'abatis;
» mais ceux-ci furent promptement détruits
» par les coups de la batterie 4, qui achevèrent
» en outre de renverser l'escarpe en entraînant
» dans le fossé les débris de la maçonnerie et
» les terres du parapet. »

Et enfin cette dernière réflexion :

» L'issue de ce combat d'artillerie avait donc
» été favorable aux Allemands, qui avaient main-
» tenu leur supériorité ; néanmoins l'opiniâtreté
» de la lutte leur donnait à penser que la résis-
» tance des défenseurs n'était pas prête d'être
» vaincue. »

En réalité, l'artillerie de la place avait, dans cette journée, plutôt eu la supériorité sur celle de l'assiégeant, et ainsi qu'il l'avouait lui-même, ses batteries étaient très sérieusement inquiétées; les bastions 3, 4, 5 et 6 continuaient leur tir de face, ainsi que l'ouvrage à cornes qui tirait sans relâche de la seule pièce qui lui restait en batterie; les bastions 7 et 8, rendus plus libres par le désarmement de la batterie prussienne n° 8, portèrent leurs objectifs sur les batteries 4, 5 et 6, qu'ils pouvaient prendre d'écharpe, et auxquelles ils portaient des coups très sérieux. La pièce de 24 du bastion 7 (porte Saint-Christophe), tirait avec une précision remarquable et envoyait nombre d'obus dans les batteries ennemies. Les mobiles du Nord, qui servaient cette pièce, et notamment le brigadier Decherf qui la pointait, méritent une mention spéciale. A un moment donné, les Allemands, très gênés par les projectiles de cette pièce, concentrèrent leur feu sur elle et l'accablèrent d'obus qui, heureusement, n'atteignirent personne ; les uns un peu trop courts, les autres un peu trop longs, ces derniers frappant les habitations placées en arrière ; pourtant un des obus tomba sur le deuxième renfort de la pièce près de la culasse, y fit une forte entaille, mais rebondit par dessus le ville pour aller se perdre dans la plaine de Vauxrot.

La ville eut encore beaucoup à souffrir ; sans compter tous les quartiers Sud et Sud-Ouest, déjà si abimés par le bombardement des jours précédents, la partie Nord, devenue l'objectif d'une partie des pièces assiégeantes, était très maltraitée ; tout le quartier Saint-Christophe, la rue des Rats et les rues adjacentes étaient criblées d'obus. Un incendie se déclarait à l'Evêché, un autre tout près de la Cathédrale; celui de l'arsenal, à peine éteint, se rallumait sous les coups répétés des canons allemands ; à la petite caserne, où pourtant les étages supérieurs avaient été évacués, un obus tombait dans une salle du rez-de-chaussée et y tuait ou blessait plusieurs malades ; une quinzaine d'habitants que la précipitation de cette dernière période du bombardement empêcha d'être nommés furent aussi atteints. Une bombe tombait dans le magasin de poteries, verreries et faïences de M. Philippot, presque en face la Cathédrale, brisait et mettait en poudre, avec un bruit épouvantable, toutes les marchandises contenues dans ce magasin ; les projectiles allemands n'épargnaient rien. La somme des dégâts était énorme : l'arsenal, la grande et la petite caserne, l'Hôpital, l'Hôtel-Dieu, les tours Saint-Jean, la Cathédrale, l'Evêché, le Pensionnat de la Croix et sa chapelle, le Collège, les écoles communales des Frères, l'ancienne gendarmerie, le magasin à poudre des contributions indirectes, l'Arquebuse, le Grand-Séminaire, la manutention militaire, la plus grande partie des maisons particulières dans le quartier Saint-Martin et le quartier Saint-Christophe, étaient en partie détruits, démolis ou brûlés ; c'est presque par miracle que toute cette partie de la ville de Soissons ne fut pas anéantie par les flammes. L'aspect de la ville était des plus lamentables : des ruines fumantes, des pans de murs noircis ou écroulés, des toits crevés ; les rues désertes étaient jonchées de débris de toutes sortes : cheminées, tuiles, ardoises, plâtras, etc., etc. Un silence de mort, interrompu seulement par le sifflement strident des obus et des shrapnels suivi de détonations ou de bruits de murs s'écroulant, s'étendait sur toute la ville, qui avait l'aspect d'une citée abandonnée ; par hasard, une ordonnance portant des ordres, des pompiers courant aux endroits incendiés, des blessés, des mourants que l'on portait à l'ambulance, puis plus rien, rien que le bruit de la canonnade, dont on percevait fort bien, même du fond des caves, les coups tirés par l'artillerie des remparts, et ceux tirés par l'ennemi ; ce tableau inoubliable pour celui qui l'a vu, avait quelque chose de grand et d'horrible, il était effrayant, terrifiant !

L'ennemi tirait sans relâche, quoique ses coups fussent moins nombreux que les jours précédents ; mais nos artilleurs, toujours infatigables, ripostaient avec opiniâtreté ; vers midi, le feu des Allemands semblait se ralentir, le nôtre, au contraire, redoublait d'intensité et de rudes coups furent portés aux batteries assiégeantes ; certainement, ce jour-là, nous eûmes la supériorité sur l'artillerie allemande ; nos ennemis le proclamèrent eux-mêmes par cette phrase que l'on trouve dans les rapports du grand état-major prussien :

« L'artillerie française mérite les plus grands
» éloges, son feu est plus violent que les premier
» et troisième jours. »

Ce témoignage dispense de tout commentaire.

La 1ʳᵉ batterie *bis* du 8ᵉ, avait pourtant déjà perdu presque le tiers de son effectif : deux maréchaux-des-logis tués, son capitaine et un brigadier blessés, ses affûts brisés, ses canons démontés ; elle avait soutenu sans trêve ni repos une lutte de quatre-vingt-quatre heures, contre un ennemi de beaucoup supérieur en nombre. Mais cette batterie puisait dans l'indomptable énergie du lieutenant Josset, dans la grandeur de la tâche qui lui était dévolue, ce courage, cette abnégation, cette opiniâtreté qui la fit admirer des Allemands.

Ceux-ci, pourtant, l'accablaient de coups, démontaient encore nombre de pièces, tout en continuant leur tir sur la brèche, lequel mettait le feu aux fascines goudronnées que le génie avait disposées la nuit au pied du mur d'escarpe.

L'ouvrage du capitaine A. Gœtze, sur les opérations du corps du génie allemand, et celui du major Gartner, sur le siège de Soissons, donnent la mention suivante au sujet de la brèche :

« Les effets obtenus par la batterie de brèche
» méritent une mention particulière. Cette bat-
» terie avait tiré 1,402 obus de 15 centimètres et
» 172 obus à balles, et pratiqué une brèche de
» 33 mètres environ de largeur à sa partie supé-
» rieure. Le mur d'escarpe avait 1 mètre 25
» d'épaisseur en haut et 3 mètres à la base ; la
» brèche était suffisamment praticable, car la

» rampe formée par les décombres était inclinée
» à peu près à 45 degrés. Ce résultat est d'autant
» plus remarquable que la batterie n'était pas
» éloignée de moins de 1,650 mètres, jamais
» brèche praticable n'avait été faite dans de
» telles conditions. On doit toutefois mentionner
» que le mur d'escarpe était vieux et désagrégé
» et *qu'on le voyait jusqu'à mi-hauteur.* D'un
» autre côté il était surmonté d'un chemin de
» ronde, ce qui en diminuait la surcharge. »

En résumé, si l'assiégeant n'avait pu avoir raison de notre artillerie, il avait, quant au reste de son programme, pleinement réussi. La brèche était ouverte, la ville aux deux tiers détruite par le bombardement dont les dégâts étaient considérables, et les pertes en hommes, tués ou blessés, qu'il nous avait infligées, étaient relativement énormes.

Les Soissonnais qui, déjà le veille avaient fait des démarches pour demander au commandant de place de mettre par la capitulation, un terme à tous ces sacrifices, se demandaient avec anxiété si ce dernier pousserait le combat, la résistance jusqu'à la dernière extrémité, et leurs angoisses augmentaient au fur et à mesure que les dégâts devenaient plus grands. Aussi, des réunions d'habitants tenues pendant la nuit, il en sortit la détermination bien arrêtée d'employer tous les moyens pour décider le colonel de Noue à capituler.

Une députation se rendit dans l'après-midi à l'Hôtel de Ville, où le président de la commission municipale, M. Salleron, se tenait en permanence et lui demanda de l'accompagner chez le commandant de place, pour se plaindre de l'inaction de l'infanterie, et sommer en sorte, l'autorité militaire de faire agir toutes les troupes de la garnison, ou de mettre fin à une situation qui devenait si pénible. M. Salleron refusa de s'associer à cette démarche ; cependant il n'était pas insensible aux souffrances de la population, car déjà la veille la commission municipale, réunie à l'Hôtel de Ville, avait adressé au lieutenant-colonel de Noue une protestation contre le bombardement :

« Nous devions nous attendre, disaient les
» membres de la commission municipale, à sou-
» tenir un siège régulier, mais nous ne devions pas
» croire que cinquante heures de bombardement,
» avec des engins formidables, sur des positions
» qui commandent la ville de toutes parts, dussent
» rendre à peu près inutile toute défense régu-
» lière et anéantir une grande partie de la ville. »

Le colonel de Noue ne répondit pas à cette protestation. Le lendemain, M. Salleron lui adressait un exposé complet de la situation :

« La ruine, la mort et la famine, voilà le sort
» non plus du tiers de la population mais de plus
» de la moitié ; deux quartiers seuls sont privi-
» légiés jusqu'à cette heure : ceux qui environnent

» la place d'Armes et la Mairie et la plus grande
» partie du faubourg Saint-Waast. Les services
» de toute nature deviennent impossibles; on ne
» peut plus même enterrer les morts et l'on ne veut
» plus aller chercher son pain. Les habitants qui
» ont une cave habitable, peuvent y rester enfermés
» et mettre leur existence à l'abri, mais la moitié
» de la population est obligée d'attendre la mort
» dans les maisons, et si l'on bombardait le
» faubourg, il n'y a pas une cave qui ne soit
» inondée, donc pas de refuge... Au surplus,
» colonel, je ne veux pas chercher à vous émou-
» voir ; je partage entièrement vos pensées sur les
» sacrifices imposés par le patriotisme, je ne fais
» appel qu'à la raison et, pas plus que vous, je ne
» suis disposé à transiger avec l'ennemi. Seule-
» ment, je ne comprends tous les sacrifices pos-
» bles, vie et fortune, qu'à la condition de les
» croire utiles. Dieu sait si la situation présente
» n'a pas couvert, depuis hier, votre responsabilité
» militaire...

» J'avais, non sans peine, fait ouvrir des fossés
» à l'endroit indiqué, mais, à 60 centimètres, on
» a rencontré l'eau. Comme il y a des morts de
» cinq jours, j'ai pris sur moi de faire ouvrir des
» fosses dans le jeu de Paume. » (*Au pied de la courtine 8-9, les cadavres étaient amenés dans des tombereaux, 47 morts furent ainsi inhumés et transportés plus tard au cimetière de la ville.*)

Dans l'après-midi, M. Salleron, qui n'était pas parvenu à décider le colonel de Noue, complétait son exposé de la situation dans les termes suivants :

« Il est certain que vous ignorez l'état matériel
» de notre Hôtel-Dieu et de nos ambulances. Si
» vous voulez bien les visiter, vous verrez le
» plus affreux spectacle. 500 malades et blessés,
» menacés d'être asphyxiés dans les caves, sont
» accumulés les uns sur les autres ; dans les
» angles, des enfants et des vieillards ; plus
» d'approvisionnements par suite de l'incendie de
» l'Hôpital. A Saint-Léger, 150 blessés ou malades
» entassés dans la crypte. Depuis le matin, je
» cherche à caser les familles chassées de leurs
» logements par l'incendie et les destructions.
» J'ai fait ce que j'ai pu, mais je ne trouverai
» plus d'asiles... Les incendies continuent, et je
» crois qu'aucune ville n'a subi avec plus de rési-
» gnation autant de ruines et de misères. A vous
» d'apprécier jusqu'à quelle limite on doit aller
» pour avoir bien mérité de la Patrie, et si de
» plus grands sacrifices sont nécessaires et
» possibles. »

A ce tableau si triste, si navrant et si vrai de la situation de la ville, venait s'ajouter celui de la situation militaire, non moins pénible, dépeinte de la manière suivante par M. René Fossé d'Arcosse, dans son ouvrage sur le siège de Soissons et publié en 1885 :

« La grande caserne était devenue inhabitable
» dans sa partie supérieure ; plusieurs soldats
» avaient été blessés ; les gardes mobiles logés en
» ville, dans les quartiers incendiés ou détruits,
» ne trouvaient plus d'asiles ; ils se réfugiaient,
» vêtus de leurs blouses légères, dans des case-
» mates humides. Depuis le 24 Septembre, le
» major Denis, réduit à l'impuissance par sa
» blessure, avait dû abandonner le commande-
» ment du 15ᵉ de ligne à un simple capitaine,
» officier d'une insuffisance notoire ; les deux
» bataillons de mobiles n'avaient plus d'officiers
» supérieurs à leur tête ; le lieutenant-colonel
» Carpentier et le chef de bataillon d'Auvigny,
» chargés de missions particulières, n'étaient pas
» encore de retour, et le commandant du bataillon
» des mobiles de Vervins, M. de Fitz-James,
» gardait le lit depuis le commencement du bom-
» bardement, en proie à une dysenterie qui ne
» céda qu'au moment de la capitulation. L'arsenal,
» en partie incendié, allait priver l'artillerie de
» matériel de rechange ; les magasins, les fours
» de la manutention également détruits, plusieurs
» boulangers tués et blessés, rendaient de plus
» en plus difficile l'alimentation des troupes. »

Le lieutenant-colonel de Noue ne voyant pas arriver les secours qu'il avait fait demander à Lille par le lieutenant-colonel Carpentier, en présence des vives sollicitations qui lui étaient adressées, et de la situation pour ainsi dire désespérée dans laquelle la place se trouvait, se décida à consulter les membres du Conseil de Défense sur le parti à prendre, les invitant à émettre chacun son avis, soit pour la résistance, soit pour la capitulation.

Cette séance du Conseil de Défense fut assez mouvementée et surtout très pénible pour le commandant de place. Le capitaine Jacques, se révélant subitement grand homme de guerre, repoussa l'idée de la capitulation; l'attitude de cet officier fut tout au moins bizarre, il ne voulait pas combattre, excipant de son manque de confiance dans les troupes sous ses ordres, mais il ne voulait pas se rendre (il ressemblait quelque peu en ce moment à un enfant qui crie : je veux m'en aller, et qui reste obstinément à la même place). Quant au commandant du génie Mosbach, il déclarait :
« Qu'il penchait pour la résistance si les troupes
» montraient plus de vigueur et d'énergie qu'elles
» n'en avaient témoignées jusqu'alors... »

(Cet avis du commandant Mosbach ne manquait pas d'habileté, mais il découvrait bien son auteur.)

Le chef d'escadron Roques-Salvaza, commandant l'artillerie, émit l'avis que la place, réduite à ses propres ressources, ne pouvait continuer longtemps la résistance et appuya son opinion par les arguments suivants :

« L'artillerie de la place est entrée en lutte avec
» un matériel pas même égal à la moitié du chiffre

» indiqué pour la défense de Soissons, et encore
» ce matériel a-t-il pour le servir un nombre
» d'artilleurs de beaucoup insuffisant, que les
» quatre jours de lutte ininterrompue ont réduit
» dans des proportions considérables; les pertes
» sont des plus terribles, le capitaine de la batterie
» de ligne est blessé, deux de ses maréchaux-
» des-logis sont tués, un maréchal-des-logis chef
» des mobiles du Nord est tué également, 35 à 40
» artilleurs sont tués ou hors de combat; l'artille-
» rie de la place s'est battue avec la dernière
» énergie et n'a pris aucun repos pendant ces
» quatre jours de combat. Le matériel en batterie
» au commencement du bombardement a été en
» partie détruit, déjà la veille au soir, le nombre
» d'affûts brisés s'élevait à vingt-quatre et il allait
» être augmenté encore pendant cette journée;
» les rechanges deviendront forcément impos-
» sibles : la nature des troupes d'infanterie laisse
» des doutes et fait envisager comme improbable
» leur maintien sur la brèche en cas d'assaut, que
» les travaux d'approche de l'ennemi font consi-
» dérer comme imminent. Cette brèche est large-
» ment ouverte et très praticable malgré les
» travaux de réparation ; les blessés ne trouvent
» plus d'abris dans les ambulances, et la conti-
» nuation de la résistance qui, du reste, lui parait
» inutile, ne fera qu'augmenter le nombre des
» victimes et accroître le chiffre des dégâts en
» ville. Le commandant Roques-Salvaza déclare

» que sa conscience et son honneur lui imposent,
» quoique à regret, un vote de capitulation. »

Les exposés, malheureusement trop vrais, du président de la commission municipale et du commandant Roques-Salvaza fixèrent la décision du colonel de Noue; il savait du reste qu'une longue résistance n'était pas possible et que de nouveaux sacrifices étaient complètement inutiles. Si son honneur de soldat devait être sacrifié, il épargnerait au moins à la ville de nouvelles ruines, à la défense de nouvelles victimes; il se résigna, et désigna le commandant Mosbach comme parlementaire pour porter à l'assiégeant les propositions de la reddition.

Entre cinq et six heures du soir, l'ordre fut donné de cesser le feu sur les remparts, et le commandant du génie sortit par la porte de Reims, pour se rendre auprès du général ennemi.

Le grand-duc de Mecklembourg ne s'attendait pas ce jour-là à la capitulation de la place de Soissons; il se préparait à partir pour Reims quand on vint l'avertir qu'un parlementaire était à Vignolles. Il y envoyait immédiatement le colonel de Krensky, son chef d'état-major, et s'y rendait lui-même en voiture.

Le feu de la place avait été si opiniâtre, quelques heures avant, que l'ennemi craignit un moment que le colonel de Noue fit des propositions inacceptables afin de profiter de la suspension des hostilités pour réparer les dégâts causés et mettre de nouvelles pièces en position. Ordre fut donné de renforcer immédiatement l'infanterie sur toute la rive gauche de l'Aisne.

Sa mission près du général prussien accomplie, le commandant Mosbach rentrait à Soissons accompagné par le colonel de Krensky, ce dernier muni des pleins pouvoirs du grand-duc de Mecklembourg pour traiter avec le commandant de la place, aux mêmes conditions qu'à Toul et à Sedan.

Vers une heure et demie du matin, le colonel de Krensky revenait à Vignolles, portant le protocole suivant de la capitulation :

» ENTRE LES SOUSSIGNÉS :

» 1° Le colonel von Krensky, chef d'état-major
» du 13ᵉ corps d'armée, chargé des pleins pou-
» voirs de son Altesse Royale le grand-duc de
» Mecklembourg ; 2° le lieutenant-colonel de Noue,
» commandant de la place de Soissons.

» *Article 1ᵉʳ*. — La place de Soissons avec tout
» le matériel qu'elle renferme sera livrée à
» la disposition de S. A. R. le grand-duc de
» Mecklembourg.

» *Article 2*. — La garnison de Soissons, com-
» prenant tous les hommes qui ont porté les
» armes pendant la durée de la défense, soit en
» uniforme ou non, est prisonnière de guerre,
» sont exceptés de cet article les gardes natio-
» naux et les gardes mobiles qui habitaient la
» ville avant que la guerre fut déclarée.

» *Article 3.* — En considération de la défense
» valeureuse de la place, tous les officiers et
» employés supérieurs ayant rang d'officier, qui
» engageront par écrit leur parole d'honneur de
» ne plus porter les armes contre l'Allemagne, ni
» d'agir en rien contre ses intérêts pendant la
» guerre actuelle, seront mis en liberté. Ceux qui
» souscriront à ces conditions conserveront leurs
» armes, leurs chevaux, leurs effets et leurs
» domestiques.

» *Article 4.* — Demain, à deux heures, la
» garnison, sans armes, sera conduite sur les
» glacis de la porte de Reims.

» *Article 5.* — Le matériel de guerre, compre-
» nant drapeaux, canons, armes, chevaux, cais-
» sons, munitions, etc., etc , sera livré à trois
» heures par les chefs de services à une commis-
» sion prussienne.

» *Article 6.* — Tous les médecins militaires
» resteront pour soigner les blessés.

» *Article 7.* — En considération de ce que
» la ville a souffert, elle ne subira d'autre contri-
» bution que celle de nourrir la garnison, après
» épuisement des approvisionnements laissés
» dans les magasins de l'Etat.

» Fait à Soissons, à onze heures du soir, le
» 15 Octobre 1870.

« Signé : Von Krensky et De Noue. »

C'était le dénouement prévu du drame dont le premier acte avait commencé un mois avant.

Le colonel de Noue sous le coup d'une émotion douloureuse, ne put retenir ses larmes en apposant sa signature au bas de ce traité qu'il considérait comme déshonorant; pourtant Soissons était, après Strasbourg la première place qui jusque-là, n'était tombée qu'après une défense particulièrement glorieuse de son artillerie contre un ennemi très supérieur en nombre, beaucoup mieux armé, occupant des positions incontestablement avantageuses; et qui, indépendamment des immenses dégats et des pertes qu'il nous avait infligées, avait entamé nos remparts en y ouvrant une brèche de 35 mètres de large.

La capitulation ne fut connue en ville que le lendemain matin, le bruit s'en répandit rapidement et y causa une émotion facile à comprendre. Toute la nuit, nos artilleurs s'étaient préparés à continuer la lutte le lendemain; cette poignée de valeureux soldats, maintenant aguerris et accoutumés au feu, ne songeaient qu'à combattre; leur ardeur ne faiblissait pas, elle grandissait plutôt, aussi furent-ils péniblement impressionnés lorsqu'ils apprirent que tout était fini.

A huit heures du matin, leur unique officier, le brave lieutenant Josset, vint leur annoncer la fatale nouvelle en leur recommandant le calme et la résignation. Très ému lui-même, les larmes aux yeux, le jeune officier embrassait les sous-officiers de sa batterie et serrait les mains de ses hommes qui s'empressaient autour de lui, l'assurant de leur dévouement; mais il fallait se résoudre au plus douloureux, au plus dur des sacrifices... se rendre !

Le premier moment de stupeur passé, nos artilleurs, qui ne pouvaient s'avouer vaincus, voulaient recommencer le feu, il fallut toute l'autorité de leur commandant pour les arrêter. Alors une sorte de rage les envahit, ils brisent leurs armes, détruisent les munitions, enclouent les canons, puis se préparent, tout en faisant des projets d'évasion, à subir la loi du vainqueur. Aux mobiles du Nord, les mêmes scènes se reproduisirent, eux non plus ne voulaient pas s'avouer vaincus et voulaient continuer à se battre. Hélas ! ils ignoraient, comme leurs camarades de la ligne du reste, que la lutte ne pouvait être de longue durée pour eux, que sous peu ils auraient été dans l'impossibilité matérielle de la continuer, et que l'ennemi, de beaucoup plus fort, aurait eu en peu de jours raison de leur bravoure et de leur courage.

La commission municipale, informée par le commandant de place, fit placarder en ville l'avis suivant, qui donnait connaissance aux habitants de la capitulation de Soissons :

« La Commission municipale a été informée ce
» matin (16) par le Commandant de Place de Soissons que, le Conseil de Défense entendu, et

» prenant en considération les souffrances de la
» ville, il avait dû signer la reddition de la place,
» qui sera remise aux autorités prussiennes
» aujourd'hui à deux heures ; et, en ce qui con-
» cerne la ville que, d'après un article de la
» convention, elle n'aura à subir d'autre rétribu-
» tion de guerre que celle de nourrir la garnison,
» après l'épuisement des approvisionnements
» laissés dans les magasins de l'Etat. Les membres
» de la Commission municipale recommandent à
» leurs concitoyens l'attitude et le calme que
» réclament les tristes nécessités de la situation. »

Les troupes d'infanterie avaient été prévenues par la voie de l'ordre, et averties qu'elles devaient se munir de quatre jours de vivres.

Les corvées commencèrent aussitôt; mais soit qu'elles fussent mal organisées, ou que les officiers qui les commandaient ne purent imposer leur autorité, des scènes regrettables eurent lieu.

Sous prétexte qu'ils ne voulaient rien laisser aux Allemands, les soldats prirent d'assaut les magasins de l'Etat et les livrèrent au pillage ; d'ordre dans la distribution il n'en était pas question; un certain nombre se portèrent aux réserves de vin et d'eau-de-vie, emplirent leurs bidons et défoncèrent les fûts après avoir absorbé une trop grande quantité du contenu. Une quinzaine tombèrent ivres-morts et furent ramassés par les Prussiens dans la soirée; quelques-uns s'abattirent dans les rues terrassés par l'ivresse, donnant ainsi à la population civile et à nos ennemis le spectacle honteux d'une troupe indisciplinée. Les malheureux n'avaient sans doute pas conscience de l'acte déplorable qu'ils commettaient, car ils n'avaient même pas pour excuse l'état de surexcitation provoqué par les événements.

Les Allemands ne manquèrent pas de signaler le fait. En effet, on trouve dans l'ouvrage du grand état-major allemand le passage suivant, relatif à la capitulation de Soissons :

« Dans l'après-midi du 16, la garnison prison» nière, forte de 4.800 hommes environ, sortait » par la porte de Reims, ivre en majeure partie » et dans un assez grand désordre. »

Il serait peut-être patriotique de taire ces faits regrettables à tous égards, qui démontrent le défaut d'autorité des officiers sur leurs hommes, et combien peu la discipline et le sentiment militaire avaient pénétré dans cette troupe encore à l'état d'improvisation.

Un certain nombre de soldats du 15º de ligne, excités par la boisson, parcouraient les rues de la ville en criant à la trahison, — qu'ils ne se rendront pas, — qu'ils se battront quand même, — que les Allemands n'entreront pas, — qu'ils feront tout sauter, etc., etc.

L'accablement, si voisin de l'état de la prostration dans lequel le colonel de Noue était tombé après avoir apposé sa signature au bas du traité de reddition, ne lui avait pas permis de prendre les mesures nécessaires, indispensables dans ces circonstances, pour prévenir les faits déplorables qui se sont passés.

Quelques habitants de Soissons protestèrent bruyamment contre la capitulation, mais ces protestations, émanant des gens qui s'étaient prudemment tenus cachés pendant le bombardement, ne pouvaient avoir grand effet ; néanmoins, la situation menaçait de devenir très grave, et M. Salleron, président de la commission municipale, qui redoutait pour la ville des conséquences terribles, si la troupe et la population ne se conformaient pas à l'engagement pris par le commandant de place (engagement qui, quel qu'il soit, doit rester inviolable de part et d'autre), crut devoir se rendre, accompagné du lieutenant-colonel Carpentier (rentré la nuit même à Soissons), au quartier général allemand, où vinrent le rejoindre MM. Choron et Sugot, pour décliner la responsabilité d'événements que pourrait faire craindre la surexcitation de certains esprits exaltés.

L'ennemi promit de n'user d'aucune représaille si rien n'était fait contre sa propre sécurité.

A trois heures de l'après-midi, les troupes de la garnison, à l'exception du bataillon de l'arrondissement de Soissons, sortaient par la porte de Reims, et étaient remises, par les officiers délégués, entre les mains des Allemands qui devaient les conduire en captivité. Les officiers, leur triste mission remplie, rentrèrent en ville, à l'exception toutefois d'un seul, le lieutenant Josset qui ne voulut pas se séparer de ses hommes, et qui fit avec eux une grande partie de la route de l'exil.

Les mobiles du 2ᵉ bataillon furent passés en revue par un officier allemand, qui les rendit libres après leur avoir donné connaissance de l'article les concernant de l'acte de la capitulation, et leur avoir signifié qu'ils ne devaient plus servir contre l'Allemagne pendant la durée de cette guerre.

Il faut dire que presque tous les hommes de ce bataillon s'empressèrent, une fois libres, de gagner le Nord et de s'enrôler pour combattre l'envahisseur ; un certain nombre tombèrent sur les champs de batailles, qui furent livrées plus tard dans cette contrée.

Nos malheureux soldats passèrent devant les troupes allemandes rangées en bataille sur l'avenue de la Gare et partirent pour l'Allemagne par la route de Château-Thierry, sous la conduite du bataillon de landwehr de Jüterbogk et d'un escadron de cavalerie.

La vue des pauvres prisonniers dut inspirer aux Allemands des réflexions peu flatteuses pour nous ; les mobiles de Vervins surtout, à peine habillés, sans chaussures, n'ayant pour uniforme qu'une mauvaise blouse bleue et un képi informe, marchant sans ordre, les hommes, l'air morne, abattus, et comme ahuris par cette série d'événements qui les arrachait de leur foyer, de leur champ, de leur atelier et les jetait, avant même qu'ils eussent appris à combattre, entre les mains de l'ennemi, pour subir une longue et dure captivité.

Au moment où les Allemands, massés sur l'avenue de la Gare, se disposaient pour l'entrée en ville, une forte détonation se fit entendre du côté du bastion 3 et jeta un certain émoi dans leurs rangs; ils crurent que l'on faisait sauter les poudrières. Les officiers et les hommes, l'air effaré, se demandaient s'ils n'allaient pas être sous le coup d'une tentative, d'un acte de résistance de la part des vaincus ; mais il n'en était rien, la détonation avait été produite par un obus avec lequel des enfants s'amusaient, et qui avait éclaté entre leurs mains en les tuant sur place.

Les Prussiens, aussitôt le dernier prisonnier passé, commencèrent le défilé pour l'entrée en ville de toutes leurs troupes. Quel contraste avec les nôtres ! et combien il était facile de voir que la guerre pour l'Allemagne était chose préparée de longue date, et qu'elle ne l'avait pas entreprise, comme la France, avec une armée improvisée.

Ah! si le maréchal Lebœuf, qui déclarait, à peine trois mois avant, que nous étions prêts et qu'il ne nous manquait... pas même un bouton de guêtre, avait assisté à cette scène, combien il aurait regretté son affirmation imprudente et lancée si légèrement ! Ceux qui, comme l'auteur de ces lignes, purent assister à ce défilé des troupes allemandes furent bien péniblement impressionnés, et leur patriotisme subit là une bien dure épreuve. Des hommes robustes, admirablement équipés et armés, chaussés de fortes bottes, défilant avec une méthode absolue, une allure d'autant plus martiale qu'elle était stimulée par le succès ; les bataillons succédaient aux bataillons, les escadrons aux escadrons, les batteries aux batteries, puis tout le train des services auxiliaires suivant derrière.

Le duc de Mecklembourg, entouré de son état-major, marchait en tête des troupes.

En passant sous la porte, chaque peloton d'infanterie prenait le pas de course, les hommes poussant le hourrah traditionnel, et bientôt tout le pavé de la malheureuse ville de Soissons résonnait sous la botte des fantassins, le pied des chevaux, les roues des canons, et cela au son des fifres et des tambours.

Les troupes allemandes furent passées en revue sur la place de la Cathédrale et la rue du Commerce, elles se massèrent ensuite sur la place d'Armes, où le grand-duc de Mecklembourg, avant de commander la dislocation, poussa un triple hourrah en l'honneur du roi de Prusse.

Les prisonniers allemands faits par la garnison dans les différentes sorties, avaient été préalablement amenés avec les troupes prussiennes pour prendre part au défilé, et eurent leur part du triomphe.

Un escadron de cavalerie et quatre bataillons d'infanterie restèrent en ville pour y tenir garnison, les autres troupes rentrèrent dans leurs cantonnements.

La colonne formée par les prisonniers et les troupes d'escorte, ou autrement dit le convoi de prisonniers, s'avançait vers Oulchy-le-Château, où il devait passer la nuit. En traversant le bois Saint-Jean, situé entre Hartennes et Oulchy, et l'obscurité étant à peu près complète, les projets d'évasion faits au départ reçurent leur exécution. Le maréchal-des-logis Pottier, d'un vigoureux coup d'épaule, culbutait le soldat prussien qui marchait près de lui et sautait dans le bois en criant : « Sauve qui peut ! » Ce fut le signal : les hommes, imitant Pottier, s'élancèrent aussi dans le bois et disparurent ; les soldats prussiens formant la haie firent feu, plusieurs prisonniers tombèrent. Les pelotons de tête et de queue croyant à une attaque des francs-tireurs, tirèrent aussi sans se rendre compte exactement de ce qui se passait et se fusillèrent mutuellement. Une panique générale s'ensuivit, à la faveur de laquelle 600 prisonniers environ s'échappèrent ; ils furent recueillis par les habitants de la contrée, qui leur donnèrent des vêtements pour leur permettre de gagner la zone non occupée par l'ennemi.

Pendant la fusillade, ceux qui ne purent, ou n'osèrent s'échapper, se jetèrent à terre et laissèrent passer par dessus eux les balles prussiennes. Une douzaine de Français, autant d'Allemands, tombèrent tués ou blessés, un cheval de l'escorte fut tué.

Les Allemands s'étant, au bout de quelques minutes, aperçu de leur méprise, cessèrent le feu. Les tués et les blessés furent ramassés et transportés à Oulchy, où le morts furent enterrés ; les blessés français, au nombre de cinq, y furent laissés pour y être soignés, les blessés allemands furent transportés à Château-Thierry.

La colonne remise en marche arriva peu après à Oulchy ; mais en raison de ce qui venait de se passer, elle n'entra pas dans le village. Les malheureux prisonniers, mouillés jusqu'aux os par la pluie qui était tombée pendant une partie de la route, passèrent la nuit dans les champs sous la garde des Allemands furieux, menaçant de fusiller celui qui faisait mine de s'éloigner, et à quatre heures le lendemain matin, le départ s'effectuait pour Château-Thierry, où les prisonniers devaient être embarqués pour être, par le chemin de fer, emmenés en l'Allemagne.

A Château-Thierry, ils passèrent la nuit, entassés dans les églises et les établissements publics, un certain nombre (200 environ) parvinrent encore à s'évader.

Les habitants des villages environnant le bois Saint-Jean étaient accourus dès le matin pour explorer le bois, ils y trouvèrent les cadavres de sept mobiles et trois blessés, et une grande quantité d'effets de toutes sortes : képis, gamelles, livrets, etc. Le cadavre d'un mobile fut détaché de l'arbre où le pauvre jeune homme, affolé par la fusillade et craignant de retomber entre les mains de l'ennemi, s'était pendu. Un monument, produit d'une souscription publique, a été élevé à l'endroit même où s'est passé cet événement tragique.

Le même jour, 16 Octobre, le *Moniteur officiel du Gouvernement de Reims* annonçait dans les termes suivants la prise de Soissons :

« Hier (15), après plusieurs combats d'artillerie
» des plus acharnés et qui ont duré quatre jours,
» Soissons a capitulé. Aujourd'hui, le grand-duc
» de Mecklembourg-Schwerin, commandant le
» 13ᵉ corps d'armée, a fait son entrée dans la
» ville et, en face de la Cathédrale, a passé en
» revue les troupes allemandes. Celles-ci l'ont
» salué en défilant devant lui par les acclamations
» les plus chaleureuses. Son Altesse Royale des-
» cendit à la Sous-Préfecture et chargea le prince
» Charles de Hohenlohe, commissaire civil, de
» transférer le poste de sous-préfet à M. de Par-
» seval, chambellan bavarois. Le nouveau sous-
» préfet n'a pas tardé à entrer en relations offi-
» cielles avec le maire et les autres fonctionnaires
» municipaux restés à Soissons. Ces messieurs
» se sont mis aussitôt à l'œuvre pour subvenir
» aux besoins des habitants nécessiteux de la ville,
» rudement éprouvés par le feu des assiégeants.
» On a pris dans la forteresse 95 officiers,

» 4,633 sous-officiers et soldats, 120 canons,
» grand nombre de munitions de guerre, provi-
» sions de bouche et des quantités considérables
» de fourrages et d'objets d'équipement. »

L'ennemi, aussitôt entré en ville, se livra à des perquisitions minutieuses, il s'empara de 92,000 francs trouvés dans les caisses publiques, des tabacs et des cigares contenus dans l'entrepôt des contributions indirectes, d'une valeur de plus de 50,000 francs, et des effets d'habillement restés dans les magasins du 15ᵉ de ligne ; il saisit dans les bureaux du génie les plans et les cartes qui s'y trouvaient.

Le grand-duc de Mecklembourg avait adressé la veille à Berlin le télégramme suivant :

« Aujourd'hui, à trois heures, nos troupes sont
» entrées à Soissons après un investissement de
» quatre semaines et un bombardement de quatre
» jours ; l'artillerie de la place a été sublime de
» dévouement. »

Les officiers français, qui avaient signé l'engagement de ne plus prendre part à la guerre, quittèrent Soissons le lendemain de l'entrée des troupes allemandes ; en même temps qu'eux, un grand nombre, pour ne pas dire tous, de sous-officiers et soldats qui s'étaient réfugiés dans la place après avoir échappé aux Prussiens à la suite de la capitulation de Sedan, quittaient la ville à la faveur de déguisements, pour ne pas retomber une deuxième fois entre les mains de l'ennemi.

Les officiers prisonniers, une trentaine environ, prenaient le même jour, sous la garde d'un détachement prussien, le chemin de la captivité, en passant par Château-Thierry d'où ils allaient, par le chemin de fer, être transportés en Allemagne ; la petite colonne devait passer la nuit à Oulchy-le-Château, mais l'affaire du bois Saint-Jean fit modifier l'ordre de route et c'est à Busancy, dans la ferme appartenant au comte de Puysségur que se termina la première étape pour l'exil. Le lendemain à huit heures, le petit détachement se mettait en marche ; la halte se fit à Oulchy, où on recueillit les détails sur le tragique événement de de l'avant-veille ; il arrivait le soir à Château-Thierry, y passait la nuit et en repartait le 18 Octobre, pour Cologne, lieu de l'internement, où il débarquait le 20 au soir, après avoir passé une nuit à Bar-le-Duc et l'autre à Lunéville ; il avait fallu trois jours en chemin de fer, pour aller de Château-Thierry à Cologne.

L'arrivée à Château-Thierry fut marquée par un incident qui laissa chez les prisonniers un souvenir bien pénible, et qui faillit avoir les conséquences les plus graves.

En arrivant sur le quai, en face le Palais de Justice, le convoi stationna quelques instants, attendant les ordres pour le gîte ; il fut aussitôt abordé par quelques habitants de la ville, venant s'informer de parents ou d'amis qu'ils savaient à Soissons pendant le bombardement.

Un capitaine de cuirassiers blancs, une sorte de colosse à barbe rousse, accourut sabre à la main, poussant des cris, des vociférations, des hurlements, et dispersa les personnes qui se trouvaient auprès des prisonniers ; il s'acharna surtout à la poursuite d'une pauvre vieille femme à l'air respectable, et l'ayant rejointe, la frappa à coups de plat de sabre.

L'indignation fut grande parmi les officiers français ; le commandant Roques-Salvaza ne put maîtriser la sienne, il s'avança vers l'officier prussien et l'interpella vivement : « Monsieur, » lui dit-il, votre conduite est indigne, un » officier d'une nation civilisée ne doit pas se » comporter ainsi, ce que vous faites est lâche » et barbare ! »

Le Prussien, probablement ivre, fit aussitôt entourer le commandant par quatre hommes et le fit conduire, en l'accompagnant lui-même, jusqu'à la gare, où se trouvait le siège de la commandature ; chemin faisant, il racontait aux officiers allemands qu'il rencontrait et qui lui demandaient la cause de cette mesure, que l'officier français avait insulté les officiers de l'armée allemande, et qu'ils les avait traités de lâches et de sauvages ; il fit enfermer le commandant Roques-Salvaza dans la lampisterie de la gare, pendant qu'il allait faire au général prussien son rapport sur les motifs qui l'avaient fait arrêter l'officier français.

Le général se fit amener ce dernier, et d'une voix rude, lui demanda s'il s'était rendu coupable du fait dont il était accusé. Le commandant Roques raconta ce qui s'était passé, mais ne parvenait pas à convaincre le général allemand, qui le menaçait de le faire fusiller sur le champ ; heureusement un officier supérieur saxon, qui avait été témoin de la scène et qui avait suivi à la gare les deux officiers, intervint ; il expliqua au général que le capitaine de cuirassiers blancs avait tort, et que l'officier français avait agi poussé par un mouvement de légitime indignation.

Le général allemand, devenu plus doux, fit des excuses au commandant Roques et lui tendit la main ; il fit arrêter immédiatement et mettre en prison, l'espèce de brute qui avait failli causer un grand malheur.

L'officier saxon, tint à accompagner lui-même le commandant Roques, pour le ramener au Palais de Justice où se trouvaient les autres officiers prisonniers, en proie à une très grandes anxiété ; aussi, fut-ce avec une vive satisfaction qu'ils le virent arriver en compagnie du commandant saxon, qu'ils remercièrent chaleureusement quand il leur fut raconté que c'était grâce à l'intervention de ce dernier, que le commandant français devait d'être revenu parmi eux.

Ce qui restait de troupe de la garnison de Soissons prisonnière avait quitté Château-Thierry le matin ; nos malheureux soldats entassés dans des wagons à bestiaux ou découverts, restèrent plus de huit jours en route ; ils furent emportés en Prusse, à Magdebourg. Beaucoup d'entre eux, minés par la maladie et les privations de toutes sortes, ne revirent plus le ciel de la Patrie ; leurs restes reposent enfouis dans le fond d'un modeste cimetière, loin de la terre française, vers laquelle cependant dut s'envoler leur dernière pensée...

D'après le tableau dressé par l'état-major général, les Allemands perdirent devant Soissons, pendant la période d'investissement et pendant le bombardement, c'est-à-dire du 24 Septembre au 15 Octobre :

Officiers tués...............	»
— blessés.............	7
Hommes tués...............	10
— blessés	95
— disparus..........	6
Total....	118

4 chevaux tués et 7 blessés.

Dans ce nombre ne sont pas compris, l'officier et les deux hommes tués à Beugneux, ainsi que les deux blessés ; plus les prisonniers ramenés à Soissons ; ni ceux qui avaient été faits à Venizel par les gardes nationaux volontaires, et enfin quelques traînards ramassés, soit une quarantaine, ce qui porterait à environ 160, le nombre des ennemis mis hors de combat par la garnison de Soissons.

L'artillerie assiégeante avait envoyé sur la ville et les remparts 8,310 projectiles se décomposant ainsi :

Obus 6.712
Shrapnels 755
Bombes 843

Les pertes de cette artillerie avaient été de 3 hommes tués et 27 blessés, et en matériel 4 affûts et 8 roues brisés.

Nos pertes furent d'environ 50 tués ou morts des suites de leurs blessures, une centaine de blessés, plus 30 soldats ou mobiles morts de maladies, variole, dysenterie, etc.

En raison des circonstances, l'état des pertes ne put être dressé exactement; du reste, un certain nombre de morts furent inhumés sans déclaration préalable à la Mairie.

L'artillerie de la place, avec un matériel de moitié inférieur à celui de l'assiégeant, avait tiré environ 6,000 coups de canons et de mortiers, et si les pertes de l'ennemi ne furent pas plus sérieuses, cela tient aux positions excessivement avantageuses qu'il occupait.

Après la guerre, un conseil d'enquête, nommé par le Gouvernement français, fut chargé, sous la présidence du maréchal Baraguay-d'Hilliers, d'examiner les capitulations des places fortes qui succombèrent aux attaques des Allemands.

Ci-après l'extrait du procès-verbal de la séance du 13 Novembre 1871 relatif à la capitulation de Soissons :

« Le Conseil,

» Vu le dossier relatif à la capitulation de la place de Soissons ;

» Vu le texte de la capitulation ;

» Sur le rapport qui lui en a été fait ;

» Ouï M. de Noue, lieutenant-colonel, com-
» mandant de la place de Soissons ; M. Mosbach,
» chef de bataillon, commandant du génie ;
» M. Roques-Salvaza, chef d'escadron, comman-
» dant l'artillerie ; M. Denis, major du 15ᵉ de
» ligne, et M. Fargeon, capitaine du génie,
» employés à Soissons pendant le siège.

» Considérant que si le lieutenant-colonel
» de Noue, commandant la place de Soissons,
» a montré de l'activité pour l'approvisionnement
» des vivres, il n'a pas déployé assez de sévérité
» pour le maintien de la discipline dans les
» troupes placées sous ses ordres. Qu'il a manqué
» de prévoyance en autorisant plusieurs chefs
» de corps à s'absenter au moment où la place
» pouvait être investie, et par cela même a nui
» à la discipline et à l'esprit de corps.

» Considérant que s'il a été fait brèche au corps
» de place ; la brèche n'était pas praticable ; que
» si l'artillerie avait souffert, elle pouvait encore
» continuer la défense ; que les munitions de
» vivres et de guerre étaient abondantes ; que les
» pertes de la garnison ont été relativement peu
» considérables ; que le commandant de place est
» blâmable d'avoir capitulé sans avoir encloué ses

» canons, détruit ses poudres et ses vivres, et s'est,
» au contraire, engagé à les livrer à l'ennemi ;
» Considérant que la place a été rendue malgré
» l'avis du commandant du 15ᵉ de ligne et celui
» du commandant du génie, et que, loin de se
» rallier à cette opinion, le lieutenant-colonel de
» Noue, contrairement à l'article 256 du décret
» sur le service des places, n'a su imposer sa
» volonté que pour la capitulation ;
» Considérant qu'il a manqué aux prescriptions
» du même article, en stipulant que les officiers
» qui donneraient leur parole de ne pas servir
» contre l'Allemagne, seraient mis en liberté et
» qu'ils conserveraient armes, chevaux et bagages,
» tandis qu'il ne devait stipuler qu'en faveur des
» blessés et des malades ;

» Est d'avis :

» Que le lieutenant-colonel de Noue à révélé
» une profonde incapacité et une grande faiblesse,
» et qu'il paraît au Conseil impropre à exercer un
» commandement.

» Pour extrait conforme,
» *Le Président du Conseil d'enquête,*
» Signé : BARAGUAY D'HILLIERS. »

La partie de la population soissonnaise, et tous ceux qui furent intimement liés aux événements du siège de Soissons, furent péniblement impressionnées quand ce jugement du Conseil d'enquête parvint à leur connaissance.

M. René Fossé d'Arcosse dans son ouvrage sur le siège de Soissons, s'exprime ainsi :

« L'opinion publique, qui juge en dernier
» ressort, a cassé depuis longtemps cet arrêt
» sévère et injuste. Outre certaines erreurs de
» faits, commises par les juges du lieutenant-
» colonel de Noue, erreurs que notre récit a
» rectifiées, il importe de constater que d'autres
» commandants de forteresses ont su trouver
» grâce devant le Conseil d'enquête, sans avoir
» opposé à l'ennemi la même résistance que le
» défenseur de Soissons. »

En effet, l'arrêt du Conseil d'enquête infligeant au commandant de la place un blâme d'autant plus sévère qu'il était immérité, paraît être le résultat d'une erreur ; il semble que les officiers qui furent chargés de l'enquête ne poussèrent pas cette enquête avec toute l'attention et l'esprit de justice qu'elle comportait.

Il semble qu'ils aient ignoré la situation si désavantageuse de la place de Soissons, par rapport aux positions qu'occupait l'assiégeant sur les montagnes de Sainte-Geneviève, de Presle et du Mont-Marion.

Il semble qu'ils aient ignoré que les troupes d'infanterie étaient des plus médiocres, étant donné leur composition et le défaut d'instruction militaire ; que les mobiles des 2e et 5e bataillons notamment, qui auraient sans doute fait d'excellents soldats six mois plus tard, n'avaient pas ou à peu près, la première notion de l'école du soldat le jour où parut l'ennemi ; que l'instruction des cadres eux-mêmes était à commencer ; que ces mobiles n'étaient pas même habillés, équipés très sommairement et très mal armés, et que le bataillon du 15ᵉ de ligne composé en majeure partie de jeunes gens engagés depuis la déclaration de la guerre, n'avait pas non plus la solidité qu'il aurait dû avoir.

Il semble que les membres du Conseil d'enquête aient ignoré aussi que l'armement de la place, de beaucoup insuffisant, était très défectueux comparativement à celui de l'ennemi ; que nos canons lisses, même nos canons rayés se chargeant par la bouche étaient très inférieurs aux canons prussiens se chargeant par la culasse, et que le mauvais fusil à tabatière, dont étaient armés les mobiles, était loin de valoir le fusil à aiguille allemand ; que l'assiégeant était deux fois supérieur en nombre, et qu'il pouvait à son gré augmenter ses forces et son matériel. Toutes considérations qui eurent une si grande influence dans la décision du lieutenant-colonel de Noue.

Il semble aussi que le Conseil d'enquête n'ai pas voulu tenir compte que la ville était déjà très éprouvée, à moitié détruite ou incendiée ; qu'un grand nombre d'habitants avaient été tués ou blessés ; que les hôpitaux étaient devenus insuffisants, et que l'on se serait trouvé dans l'impossibilité de soustraire les blessés aux coups de l'assiégeant, et que les officiers qui ont voté contre la capitulation, ne paraissaient pas avoir une idée bien exacte de la situation, le capitaine Jacques, déclarait lui-même qu'il n'avait pas confiance dans la majeure partie des hommes qui formaient son bataillon.

S'il y avait lieu de critiquer et de reprocher au commandant de place certaines questions de détail, il y avait lieu aussi de lui tenir compte des conditions trop défavorables dans lesquelles il se trouvait.

Enfin, était-il si nécessaire, pour que l'honneur soit satisfait, de faire tuer des centaines d'hommes et de faire brûler complètement la ville, quand le dénouement final ne pouvait être évité ?

En vérité, la place de Soissons, entourée des hauteurs qui la dominent à demi-portée de canon, formant le fond d'un vaste entonnoir, un véritable nid à bombes ; se trouvait dans l'impossibilité absolue de résister avec sa garnison inexercée et son vieux et insuffisant matériel d'artillerie, à un assiégeant deux fois plus nombreux, disposant de vieilles troupes, pourvu d'un matériel perfectionné et par conséquent beaucoup plus puissant. La place réduite à ses propres ressources n'aurait su tenir longtemps ; l'artillerie déjà très éprouvée, n'aurait bientôt plus, pu fournir le nombre d'hommes suffisant pour assurer le service des pièces : les rechanges étaient devenues impossibles, le matériel de réserve ayant été utilisé pour remplacer les 29 affûts brisés pendant les quatre jours du bombardement. Les provisions et les vivres se seraient épuisés rapidement. La brèche, large de 33 mètres, si elle avait été, grâce aux efforts des 30 sapeurs du lieutenant Caron, rendue à peu près impraticable dans la nuit du 13 au 14, n'aurait pas été longtemps sans être rendue de nouveau accessible, et l'assaut de vive force, que le peu de solidité des troupes d'infanterie n'aurait pu repousser, était à craindre ; or, chacun sait qu'elles sont les conséquences pour les habitants, d'une ville prise d'assaut.

Les dégâts causés par l'artillerie ennemie s'élevaient déjà à près de 3,300,000 francs, chiffre exact 3,287,000 francs, énorme pour une petite ville comme Soissons, plus les bâtiments municipaux et ceux appartenant au domaine public ; et puis, l'intérêt de la prolongation de la résistance était-il si grand ? Aucune armée, même noyau d'armée dans le Nord, pouvant faire espérer d'être secouru ; le Gouvernement n'avait pas même pu envoyer au commandant de la place, le bataillon de renfort que ce dernier avait réclamé avec tant d'insistance, ainsi qu'une batterie d'artillerie qu'il attendit vainement. A l'intérieur, Paris était déjà bloqué, et les Allemands poussaient devant eux, dans le Centre, l'armée de la Loire encore en voie de formation. Ah ! si le colonel de Noue avait eu l'espoir qu'en tenant bon, il aurait été utile à une armée manœuvrant dans les environs, il n'aurait pas eu un instant d'hésitation ; il aurait épuisé jusqu'à la dernière gargousse, et quelque grands qu'eussent été les sacrifices, il aurait combattu jusqu'à la dernière heure. Mais dans les conditions où se trouvait la place, continuer la résistance, c'était augmenter les pertes en hommes, les dégâts et les ruines, sans aucune utilité.

Le commandant de la place aurait pu à la rigueur, résister quelques jours de plus ; mais après ? — le dénouement fatal n'en était pas moins inévitable.

Il lui a été reproché de n'avoir su obtenir ou d'avoir souscrit à certaines conditions ; mais les conditions, elles lui étaient imposées, il était obligé de les subir, l'épée allemande était trop lourde dans la balance !

Le sort de la place de Soissons était prévu, le départ du sous-préfet d'Artigues et celui du général de Liniers, qui était venu pour prendre le commandement, le démontrent surabondamment. Soissons, dans les conditions les plus défavorables, ne pouvait résister longtemps aux attaques d'un ennemi nombreux et supérieurement armé, comme Strasbourg, Laon, Toul, Verdun, Thionville, Longwy, Schlestadt, Neufbrisach, Montmédy, Mézières, Metz et tant d'autres places, sans compter Paris ; Soissons devait succomber.

Le blâme infligé au lieutenant-colonel de Noue par le Conseil d'enquête devait être son arrêt de mort ; ce vieux soldat, dont la carrière avait été si bien remplie, qui avait à son actif plusieurs citations à l'ordre de l'armée, ne put supporter ce coup trop dur pour lui ; il mourut quelque temps après, avec la douloureuse impression d'avoir terminé sa carrière par un acte qu'il considérait comme humiliant et déshonorant, et pourtant, il n'avait été que la victime des circonstances et des événements.

Après la guerre, le gouvernement français pour remédier à un état de choses qui avait été si funeste au pays, ordonna la réfection complète du matériel d'artillerie ; l'outillage fut transformé, le nombre de régiments doublé ; l'armée fut réorganisée sur des bases qui auraient dû être adoptées dix ans auparavant ; enfin quelques années plus tard, comme pour donner un démenti au jugement du Conseil d'enquête, le comité des fortifications décrétait le déclassement de Soissons comme place-forte, estimant que cette place, avec sa seule enceinte, occupant une position des plus défectueuses, se trouverait dans l'impossibilité de résister efficacement aux coups de l'artillerie moderne.

Aujourd'hui, les remparts sont démolis, les fossés sont comblés, de coquettes maisons s'élèvent sur les emplacements, rien ne rappelle le drame d'il y a trente ans, si ce n'est les anciens murs de clôture de l'arsenal et de Saint-Jean, sur lesquels on voit encore, de nombreuses traces des obus allemands — La ville de Soissons débarrassée du cercle de pierres qui l'entouraient, s'est étendue, de nouveaux quartiers se sont construits, certains désormais de n'avoir plus à redouter ni la crainte ni les horreurs d'un bombardement.

Un monument érigé par les Soissonnais à la mémoire des victimes de la guerre, et pour perpétuer le souvenir du siège de Soissons, s'élève aujourd'hui sur l'emplacement de l'ancienne porte Saint-Martin, à l'endroit même où fut tiré le premier coup de canon sur les Prussiens.

FIN

TABLE DES MATIÈRES

	Pages
Chapitre Ier.	7
Chapitre II.	33
Chapitre III.	149

Reims. — Imprimerie A. Margain, rue de la Grue, 6 et 8.

www.ingramcontent.com/pod-product-compliance
Lightning Source LLC
Chambersburg PA
CBHW050335170426
43200CB00009BA/1599